El campo de batalla de la mente

de la

PARA JÓVENES

JOYCE MEYER

CASA CREACIÓN

La mayoría de los productos de Casa Creación están disponibles a un
precio con descuento en cantidades de mayoreo para promociones
de ventas, ofertas especiales, levantar fondos y atender necesidades
educativas. Para más información, escriba a Casa Creación, 600 Rinehart
Road, Lake Mary, Florida, 32746; o llame al teléfono (407) 333-7117 en
Estados Unidos.

El campo de batalla de la mente para jóvenes por Joyce Meyer
Publicado por Casa Creación
Una compañía de Charisma Media
600 Rinehart Road
Lake Mary, Florida 32746
www.casacreacion.com

Este libro fue publicado originalmente en inglés con el título: *Battlefield
of the Mind for Teens*, Copyright © 2006 por Joyce Meyer, por Warner
Faith, una división de Time Warner Book Group.
This edition published by arrangement with Warner Books, Inc. New
York, New York, USA. All rights reserved.

Traducido por: Saulo Hernández
Diseño interior por: Dimitreus Castro
Director de diseño: Justin Evans

Visite la página web de la autora: www.joycemeyer.org

Previamente publicado en tamaño regular, ISBN 978-1-59979-030-5,
copyright © 2007. Todos los derechos reservados.

Library of Congress Control Number: 2014956065
ISBN: 978-1-62998-372-1 (tamaño bolsillo)

Impreso en los Estados Unidos de América
14 15 16 17 18 * 5 4 3 2 1

CONTENIDO

Contenido

PRIMERA PARTE

Todo se trata de la mente

INTRODUCCIÓN

magina esto: Estás viendo tu programa favorito de televisión y justo a la mitad de la parte más emocionante, una locutora de noticias interrumpe la programación. Ella dice: "Interrumpimos este programa para traerles un reportaje especial de noticias. ¡Toda la población de Montana, Dakota del Sur, Wyoming, Alaska, Vermont y Dakota del Norte ha sido afectada por una enfermedad de transmisión sexual! Siga sintonizando este canal para más detalles. Pasen una bonita tarde, ¡a menos que, casualmente, vivan en Montana, Dakota del Sur, Wyoming, Alaska, Vermont o Dakota del Norte!"

¿Cómo responderías a esta noticia? ¿Te impactaría? ¿Estarías escéptico? ¿Preocupado? Pues aunque no lo creas, esta situación no es del todo imaginaria. Cada año, más de cuatro millones de jóvenes (ese es el equivalente de la población de todos los estados que acabo de mencionar) contraen una enfermedad de transmisión sexual. Así es, jóvenes, igual que tú.

Los jóvenes también enfrentan otro problema. Los retos que enfrentan en la actualidad no son solamente sexuales. Para cuando se gradúan de la escuela preparatoria, el 56% de los jóvenes ya toman alcohol regularmente y el 40% tomará hasta emborracharse. Hoy en día, ocho jóvenes morirán como resultado del alcohol. Mañana será la misma historia triste, y así al siguiente día... El alcohol es el factor clave en las tres principales causas de muerte en los jóvenes: accidentes automovilísticos, homicidio y suicidio.

¿Escuchas hechos desgarradores como estos y te preguntas por qué? Yo me he preguntado lo mismo. Afortunadamente, la Palabra de Dios tiene las respuestas. Tal vez pienses que la culpa es de tus compañeros que te presionan, los medios de comunicación, la incapacidad de los padres para cuidar de los hijos o la falta de liderazgo de los adultos. Y tal vez tengas razón, en parte. Pero la batalla más crítica que lucharás en tus esfuerzos para vivir una vida más significativa, segura y satisfactoria no se peleará en los pasillos de tu escuela, en una fiesta después del baile de fin de año, en las sesiones de charla en la Internet o incluso en frente de la televisión. La batalla más épica de todas se peleará en el campo de batalla de tu mente. Yo quiero ayudar a asegurar que ganen los buenos.

Proverbios 23:7 nos dice: "Porque cual es su pensamiento en su corazón, tal es él" (Reina Valera). En otras palabras, tu actitud determina tus acciones. Imagina que tu cuerpo es una computadora de vanguardia; tu mente es el disco duro, éste ejecuta todo lo demás. Si el disco duro se llena de virus o si se bloquea, no tiene que ver con cuán alta definición tenga tu monitor, cuán fuerte se oigan tus bocinas o qué tan rápido sea tu conexión a la Internet. Si el disco duro está dañado, tu computadora sólo es, en el mejor de los casos, un pisapapeles gigantesco, un monumento de potencial perdido y dinero mal gastado.

He ayudado, por más de treinta años, a personas como tú a entender mejor la Palabra de Dios, y entre más tiempo le sirvo a Él y estudio su Palabra, más me doy cuenta de cuán importante son los pensamientos y las palabras. En verdad creo que el Espíritu Santo de Dios me ha estado dirigiendo a estudiar la batalla de la mente y darte un informe directamente desde las líneas fronterizas.

Yo quiero que ganes la batalla por tu mente. Quiero que ganes en grande. Y quiero que tú también puedas ayudar a otros a ganar.

Tu primer paso hacia la victoria es comprender verdaderamente Proverbios 23:7, el versículo que nos promete que lo que pensamos de nosotros mismos determina lo que somos. Una traducción de la Biblia añade esta idea clave. Dice: "Pues como piensa dentro de sí, así es" (La Biblia de las Américas). ¿Captaste la diferencia sutil entre las dos traducciones? Así es, la batalla a favor de tu mente no solamente decide quién eres como persona ahora, sino también quién serás en el futuro.

Tu vida, tus acciones, siempre serán un resultado directo de tus pensamientos. Si tienes un estado mental negativo, tendrás una vida negativa. Pero si renuevas tu mente de acuerdo al plan de Dios para ti, tendrás una vida abundante. Es así de sencillo.

Puede que tu vida sea muy difícil en este momento. El 99% de los estudiantes de escuela preparatoria dice que sufre de estrés por lo menos una parte del tiempo. Pero no te des por vencido. No te desesperes o te hagas cínico. Poco a poco, tú puedes cambiar. El hecho de que en este momento estés leyendo este libro, demuestra que tienes al menos algo de esperanza.

Sigue con esa esperanza. Sigue esforzándote por cambiar tu mente para bien. Porque cuando cambias tu mente para bien, cambias tu vida para bien. Cuando comiences a ver el plan extraordinario de Dios para tu vida, vas a querer seguirlo.

Mi oración es que este libro te ayude a ganar la batalla por tu mente, y la batalla por tu vida.

CAPÍTULO 1

Esta es tu mente...
Esta es tu mente
en una batalla

Porque nuestra lucha no es contra seres humanos
sino contra poderes, contra autoridades,
contra potestades que dominan este mundo de tinieblas,
contra fuerzas espirituales malignas en las regiones celestiales.

– Efesios 6:12

¿Te has sentido un poco cansado últimamente? ¿Confundido? ¿Deprimido? ¿Menospreciado por otros? No es de extrañarse, estás en una guerra.

Sin embargo, tu guerra no es una batalla convencional que se puede pelear con armas convencionales. Echa un vistazo a la escritura con la que comienza este capítulo. Esta guerra no es contra otros seres humanos. No es contra tu peor enemigo de la escuela. No es contra tus maestros. Ni contra tu ex novio o novia. Ni siquiera contra tus padres.

Tu enemigo es Satanás mismo, el ángel caído y sus fuerzas demoniacas. Satanás viene tras de ti con un plan de ataque cuidadoso y astuto, uno que tal vez ni veas venir. De hecho, puede que ni creas que estés en una batalla para nada. Esa es una de las mejores trampas del enemigo: la mentira.

Satanás es un mentiroso. Jesús lo llamó "¡...el padre de la mentira!" (Juan 8:44). Aquí hay algunas frases de mentira las cuales usará mientras intenta controlar tu mente. ¿Cuántas has escuchado de una manera u otra?

- No necesitas escuchar a tus padres, tu pastor, tus líderes de jóvenes y todas esas otras personas que intentan decirte cómo vivir. Es decir, míralos, son unos hipócritas ineptos. Mira todos sus defectos y todas sus contradicciones. Ésta es tu vida. Vívela a tu manera.

- El beber, las drogas y el sexo en verdad no te lastimarán. Todas esas historias de terror no te sucederán a ti. Es sólo una gran táctica para asustarte. Los adultos tan sólo quieren que no te diviertas, aunque ellos sí se divirtieron bastante cuando tenían tu edad. Ellos simplemente quieren controlarte.

- ¿En realidad crees en "el diablo"? ¿Un tipo calvo, con la piel roja, una cola puntiaguda y un trinchete? ¿Una persona inteligente como tú? Despierta, eso es un mito. No existe el diablo, y no existe el infierno. Y, por cierto, tampoco existe Dios o el cielo. Sólo existe el "ahora". Así que, aprovecha el tuyo mientras puedas.

- Vamos, admítelo: A cada rato tienes dudas acerca de Dios. Si Dios fuera real, ¿por qué permitiría que estas dudas aparezcan dentro de tu mente?

- Si en verdad hubiera un Dios a quien le importara, ¿te sentirías así de solo como te sientes ahora, tan abrumado por la vida como te sientes ahora, tan impotente de poder cambiar las cosas?

¿Alguna vez te has sentido como si alguien estuviera llenando tu mente con preguntas y preocupaciones como éstas? Así es como opera Satanás. Él siembra todo tipo de pensamientos persistentes, sospechas y dudas en tu mente. Él se mueve lentamente, de acuerdo a sus planes bien pensados para ti. Siempre recuerda que cuando se trata de destruir tu vida, Satanás tiene una estrategia de batalla hecha a la medida, específicamente para ti. Él te ha estudiado por mucho tiempo. Y te va a atacar en donde seas débil, en lo que tengas curiosidad, en donde seas inconsistente.

Por ejemplo, él conoce tus inseguridades. Si eres introvertido por tu apariencia física, puede ser que el diablo invente un plan para que alguien entre a tu vida y te diga que eres muy guapo, alguien que te haga sentir atractivo. Después, tal vez esta persona que has recibido en tu vida te empieza a presionar para tener relaciones sexuales. Sabes que no debes, pero no quieres arriesgarte a perder a alguien que te hace sentir tan bien acerca de ti mismo.

Así que ahora Satanás puede recostarse y verte sufrir. Él ha apuntado su arma secreta. Él tiene el tiempo y tus hormonas revueltas de su lado. Él sabe que no puedes prender la televisión, conectar tu computadora u hojear una revista sin ver algún tipo de contenido sexual. (Por ejemplo, en la Internet hay más de cuatro millones de páginas Web pornográficas.) Él invertirá todo el tiempo que sea necesario para derribarte. Al diablo le fallan muchas áreas, pero no le falta paciencia. Tiene paciencia de sobra.

Afortunadamente para ti, no entras a la batalla sin armas. La Biblia, el mensaje sagrado de Dios, te asegura: "Las armas con que luchamos no son del mundo, sino que tienen el poder divino para derribar fortalezas. Destruimos argumentos y toda altivez que se levanta contra el conocimiento de Dios, y llevamos cautivo todo pensamiento para que se someta a Cristo" (2 Corintios 10:4-5).

Ahora, tal vez te estés preguntando: *¿Cuáles son esas "fortalezas" que debo derribar?* Piénsalo de esta forma: Satanás quiere jugar contigo como si fueras un videojuego, conquistando un nivel a la vez. Regresemos a nuestro ejemplo de tentación sexual. Satanás no va a intentar convertirte de la noche a la mañana de una persona pura a un adicto sexual promiscuo y fuera de control.

No, es mucho más probable que él haga que te interese una película sexualmente sugestiva pero convencional, el tipo de película que está a cada rato en los cines y en la televisión con cable. O tal vez en un área de conversación de la Internet, donde la plática ocasionalmente, pero no siempre, se vuelve un poco inapropiada.

Después, tal vez te encuentres abriendo sitios de Internet que sabes que no deberías ver, o llevando al siguiente nivel tu interés en películas sugestivas, superando los programas típicos de cable a programas de "pago por evento", los cuales intensifican el calor sexual.

Y así sucesivamente. El mismo tipo de cosas sucede con las drogas, el alcohol, el hacer trampa y el mentir. ¿A cuántos de tus amigos has escuchado que le mienten a sus padres por teléfono celular, acerca de dónde están, con quién están y lo que están haciendo? Lo más seguro es que al principio, esas mentiras eran probablemente más inocentes como: "Mamá, por supuesto que desayuné esta mañana" o "En serio papá, no nos dejaron tarea este fin de semana". Pero esas mentiras de "nivel 1" pronto se convirtieron en nivel 2 y así sucesivamente.

¿Comienzas a ver la tramposa estrategia de guerra de Satanás? ¿Te asusta, aunque sea un poco? Qué bueno. Todo buen soldado se acerca a una batalla con un sentido realzado de conciencia. Sólo un tonto pelearía una guerra sin estar consciente de lo que se trata.

La docena sucia: Doce maneras en que los jóvenes de hoy están perdiendo la batalla por sus mentes, y por sus vidas

1. Casi la mitad de todos los estudiantes del último año de la escuela secundaria hasta el último año de la escuela preparatoria ha tenido relaciones sexuales, incluyendo el 61% de los estudiantes del tercer año de la preparatoria. (Y es más de dos veces probable que los jóvenes que ven mucho sexo en la televisión tengan relaciones sexuales que aquellos que tienen mejor criterio en lo que ven en la televisión.) [1, 2]

2. Casi la mitad de personas menores de 21 años que beben alcohol, se emborrachan. (La definición de emborracharse es tomar cinco o más bebidas alcohólicas en la misma ocasión.) Cada año, más de 500,000 jóvenes se lesionan involuntariamente cuando están bajo la influencia del alcohol. Y aproximadamente 1,500 personas de este número mueren como resultado del abuso del alcohol, tal como intoxicación alcohólica. [3]

3. El 73% de jóvenes dice que ellos ven por lo menos un acto de discriminación al mes, pero sólo el 22% intervienen y hacen algo al respecto. [4]

4. Los padres y los jóvenes no están en la misma página, ni siquiera en el mismo libro, en cuanto al sexo. Aunque la mitad de los jóvenes de hoy están activos sexualmente, el 84% de los padres creen que sus hijos no lo están. Mientras tanto, el 87% de los jóvenes dicen que sería más fácil posponer el sexo si pudieran tener pláticas más abiertas y honestas con sus padres. [5]

5. Una de cada seis de las jóvenes de hoy está bajo la influencia del alcohol cuando pierden su virginidad. (Una de cada siete dice que su pareja también lo estaba.) [6]

6. Estados Unidos tiene el índice más alto de enfermedades de transmisión sexual y embarazo juvenil en el mundo desarrollado. De hecho, el índice de embarazo juvenil en los Estados Unidos es el doble que cualquier otra nación industrializada. [7]

7. El suicidio es la tercera causa principal de muerte entre estadounidenses de 15 y 24 años de edad.[8]

8. Cada año, más de 4 millones de jóvenes contraen una enfermedad de transmisión sexual.[9]

9. Casi uno de cada cuatro estudiantes de segundo año de secundaria ha intentado oler/"elevarse" utilizando químicos domésticos como el tíner o algún tipo de corrector de tinta.[10]

10. Cada año en los Estados Unidos, se embarazan más de 800,000 niñas de 19 años o menores.[11]

11. La edad promedio en la cual los jóvenes comienzan a tomar droga es a los 13 años.[12]

12. Entre los estudiantes del último año de la escuela preparatoria que son sexualmente activos, más del 21% ha tenido cuatro o más parejas sexuales.[13]

Muy bien, echemos un vistazo a lo que hemos aprendido hasta ahora.

1. Estás involucrado en una guerra.

2. Satanás es tu enemigo.

3. Tu propia mente es el campo de batalla.

4. El diablo trabajará con diligencia para establecer fortalezas en tu mente, conquistando el territorio pieza por pieza, tal como un jugador experto conquista un videojuego.

5. El diablo trabaja para lograr la victoria a través de la estrategia y el engaño, planes de batalla y mentiras. Una de sus mejores mentiras es convencerte de que él no existe.

6. Tu enemigo no tiene prisa. Se va a tomar su tiempo. Él no necesita ganar en este momento. Simplemente quiere ganar al final.

Ahora, sigamos adelante con el siguiente capítulo y veamos otra manera en la que un plan satánico puede manejar sus resultados crueles.

Juan, María y la familia mixta que no se quiere mezclar

C ada familia tiene sus problemas, pero una joven llamada María y su padrastro, sienten que su familia sufre mucho más drama y trauma que cualquier programa de cable. Aquí están los dos lados de la misma historia triste.

María tiene un problema: "¡Mi padrastro está arruinando mi vida por completo!"

La mamá biológica de María se divorció de su papá biológico y dos años después se volvió a casar con un hombre llamado Juan.

María, quien tiene 17 años de edad, y su nuevo papá están en guerra casi todo el tiempo. Ella resiente a su padrastro porque su presencia mató cualquier esperanza de que su mamá y su "verdadero papá", se volvieran a unir.

María está tan enojada todo el tiempo que no se puede concentrar en la escuela y siente molestia en el estómago cada vez que intenta comer. Su solución: No comer, al menos que sienta que se va a desmayar.

María no quiere que Juan se adueñe de su vida. A ella no le gusta que le imponga horas límites para llegar a casa, los tiempos límites en la computadora, en el teléfono y sus castigos estrictos. Él incluso trata de influir en como ella gasta su dinero, el cual ella gana por hacer tareas en la casa. Ella quiere que "¡la deje en paz!", lo cual le grita un promedio de 5.8 veces al día.

En este momento, algunos de ustedes pueden estar pensando, *¡Uau, María verdaderamente necesita entregar su vida a Jesús!*

El problema es que hizo eso cuando tenía doce años. Fue sincera en su decisión. Ella cree que va a ir al cielo, y su enojo hacia su padrastro hace que se sienta culpable y triste. Ella ve que hay esperanza para su vida, pero esa esperanza se ve muy a lo lejos. En su grupo de jóvenes le dice a una amiga: "Antes de conocer a Jesús, yo no tenía esperanza y estaba deprimida. Ahora, sólo estoy deprimida."

María sabe que su actitud no es correcta. Ella quiere cambiar. Ella ha pasado horas en consejería con su pastor de jóvenes e incluso ha ido con el consejero de la escuela. Todas las noches ella pone en oración su lucha. Ella está perpleja del por qué no ha visto un mejoramiento duradero en su situación. Una noche ella llora descontroladamente diciendo, "¿Por qué no está mejorando? Estoy muy cansada de estar deprimida todo el tiempo."

La solución para el problema de María se puede encontrar en Romanos 12:2: "No se amolden al mundo actual, sino sean transformados mediante la renovación de su mente. Así podrán

comprobar cuál es la voluntad de Dios, buena, agradable y perfecta".

Verás, la mente de María está llena de fortalezas. Algunas han
estado ahí desde que escuchó por primera vez en su hogar la
palabra *divorcio*. Ella sabe que no debe guardar los pensamientos
amargos y de resentimiento contra su padrastro, pero no sabe la
manera de cómo sacarlos de su mente.

María no puede controlar sus berrinches, su indiferencia des-
carada por las "reglas de la casa" o sus palabras de odio porque
ella no puede controlar los pensamientos que están detrás de
estas actitudes. Ella no puede quitar las fortalezas que el diablo
ha sembrado en su mente.

Satanás ha construido mentiras eficaces. A través de todo el
proceso del divorcio, María se ponía más y más enojada con la
situación. Pero ella no quería dirigir su enojo hacia sus padres
biológicos porque amaba a los dos. Ella no quería pensar que las
dos personas que respetaba tanto podrían ser responsables por
la situación que la estaba destrozando por dentro.

Fue entonces cuando comenzaron las mentiras de Satanás:
"Tú, María, eres la razón del divorcio. Ellos se pelean por tu
culpa. Tú les cuestas mucho dinero. Se preocupan por tus calificaciones. Los estresas y es por eso que se pelean."

Y también hubo más mentiras: "Apuesto que tus padres ya no
están enamorados. Tu mamá desea haberse casado con alguien
más. Tu papá siente lo mismo. Te apuesto que hay infidelidad
involucrada en todo esto."

Como resultado, María ha resuelto algunas cosas en su
mente:

1. "Si mi actitud fue lo que hizo romper este matrimonio, lo
   puede volver a hacer. Si logro hacer que Juan sea completamente miserable, tal vez se vaya y mis verdaderos papás
   puedan estar juntos otra vez."

2. "Apuesto a que Juan pretendía a mi mamá cuando ella todavía estaba casada con mi papá. Él es deshonroso. Nos hubiera dejado en paz. Ahora, ¡me las va a pagar! ¡Va a desear nunca haberse acercado a mi familia!"

Imagina todas las mentiras que andan constantemente en la mente de María, mes tras mes. Mentiras que intensifican su resentimiento hacia Juan y su obsesión por deshacer un matrimonio. ¿Hay alguna duda del por qué ella no es la hija linda y adorada que antes fue? ¿Cómo puede María salirse de su tristeza? ¿Qué harías si estuvieras en su lugar?

Libera tus armas

Si se mantienen fieles a mis enseñanzas,
serán realmente mis discípulos; y conocerán la verdad,
y la verdad los hará libres.
— Juan 8:31-32 NVI

En este versículo Jesús nos dice cómo podemos golpear a Satanás en la cabeza y liberarnos de su control cuando él nos ataca: debemos absorber el conocimiento de la verdad de Dios en nuestras mentes y corazones, renovando nuestras mentes con la sabiduría y poder de su Palabra. La Palabra de Dios, la Biblia, es nuestro arsenal, que contiene todas las armas que necesitamos para ganar la batalla crítica por nuestras mentes.

Una de las grandes ventajas de vivir en estos tiempos es el número de recursos que hay para adquirir la verdad de la Palabra de Dios. Tenemos sitios de Internet, música cristiana, grupos de jóvenes, conferencias juveniles, conferencistas especiales, estaciones de radio y de televisión, discos compactos instructivos, DVD's y libros. Estos recursos hacen posible "mantenerse" en la

Palabra de Dios, lo cual significa seguir absorbiéndola y aplicándola a tu vida.

¿Necesitas un par de armas más? Intenta la adoración y la oración. La adoración siempre le patea el trasero al diablo. Él no aguanta escucharla. Es como las garras de metal de Freddy Krueger raspando el pizarrón de su mente. Hace que se encoja, que se tape los oídos y que se enrosque en posición fetal, esperando que desaparezca. Pero esta alabanza debe ser verdadera, del corazón. No puedes hacer los movimientos, alzar las manos sólo para copiar a alguien más o decir las palabras del coro de la alabanza sin pensar en su significado.

Lo mismo es cierto con la oración. Tiene que ser verdadera. Algunas personas dicen el Padre Nuestro de la misma manera que cantan el comercial del "Big Mac". Dios no quiere que le cantes un comercial. Él quiere que las palabras fluyan desde lo más profundo de tu corazón. Él quiere que seas real. Y Él quiere oraciones inspiradas por tu relación cercana con Él.

Debes acercarte a Dios en oración como tu Padre amoroso. Él te ama. Está lleno de bondad y quiere ayudarte. Piensa en esto: Algunas personas te ayudan a causa de su deber o de su culpabilidad, o para que les ayudes a ellos algún día. Pero Dios no. Él realmente quiere ayudarte. A Él le encantaría por completo la oportunidad de ayudarte.

Después, empieza a conocer a Jesús. Si tienes una de esas Biblias con "letras rojas", examínala y lee cada palabra que Jesús dijo. Aprenderás que Jesús es tu amigo sabio y verdadero. Él te ama tanto que murió por ti.

Finalmente, empieza a conocer al Espíritu Santo de Dios viviendo dentro de ti. (Y si no estás seguro que el Espíritu de Dios es parte de la tela de tu ser interior, lo único que tienes que hacer es preguntar. Sería bueno que lo hicieras en este momento.)

El Espíritu de Dios puede ayudarte a orar aun cuando no puedes encontrar las palabras correctas o palabras en general. El

Espíritu puede traducir los sentimientos más profundos en tu alma, sentimientos que no puedes decir con palabras o ni siquiera describir, y expresarlas a Dios el Padre. Tener el Espíritu Santo en ti es como tener tu propio intérprete personal de oración.

Si quisieras tener algo de inspiración o instrucción en cuanto a la oración, la Biblia está lleno de eso. Fíjate en los Salmos, por ejemplo. Este libro te proporciona docenas de oraciones, desde alabanzas sinceras, a gritos angustiados de ayuda, a confesiones de pecado brutalmente honestas.

María necesita usar estas armas. Cuando se acerque a Dios en oración, podrá usar un aparato de demolición contra todas esas fortalezas de su mente. La verdad de la Palabra de Dios y la realidad de su poder la harán libre.

Ella se dará cuenta de la verdad: Que su padrastro está haciendo lo mejor que puede para ser un buen padre para ella y un buen esposo para su mamá. Que el vivir como una familia mixta no es fácil y que todos necesitan mostrar bondad, comprensión y compasión hacia los demás. Que los berrinches y la desobediencia no es la manera de ocasionar un cambio positivo.

Juan tiene un problema: "¡Mi hijastra no me quiere dar una oportunidad!"

Ahora, veamos otro personaje principal en este drama familiar. Sólo porque Juan es un adulto no significa que no forma parte del problema.

Juan sabe que necesita tomar la postura de liderazgo en su familia, pero María lo está agotando. Está cansado de los pleitos con gritos, el azotar de las puertas y las miradas frías. Se ha cansado de poner límites que María de todas maneras va a sobrepasar. Últimamente, él sólo llega a casa de trabajo, prende la televisión en el canal ESPN y cae en un coma deportivo.

Juan se está escondiendo de su responsabilidad, porque, en su corazón, él odia la confrontación, especialmente cuando no parece salir nada bueno. Se ha empezado a decir a sí mismo: *Pues, si sólo dejo de molestar a María por un tiempo, nuestros problemas se solucionarán por sí mismos. Con tiempo, llegará a aceptarme. Claro, seguiré orando al respecto, pero más allá de eso, ¿qué puedo hacer?*

¿Captaste la última parte? Juan se está dando un pretexto para tomar una acción en verdad, y está usando la oración como su *excusa*. Ahora, ya leíste que la oración es una gran arma para batallar contra Satanás, pero *no* si se utiliza como pretexto para salir de su responsabilidad. Si abusas de la oración de esta manera, ¡estás permitiendo que Satanás ponga una de tus armas en tu contra!

En este momento de la saga de Juan y María, debería aclarar lo que quiero decir cuando digo que Juan debe asumir su puesto en el hogar nombrado por Dios. No quiero decir que debería tratar de ser el Sr. Macho, pegando gritos como un sargento en la televisión. La Biblia enseña que un hombre debe amar a su familia de la misma manera en que Cristo ama a su pueblo, la Iglesia. Y Cristo fue un líder eficaz, pero también fue un siervo humilde. Él puso primero las necesidades de otros antes que su propia comodidad.

Entonces, así como Cristo, Juan necesita tomar una responsabilidad firme y amorosa hacia su familia, incluyendo a María. Él debe asegurarle a María que aunque el divorcio ha sido doloroso para ella, ella puede lanzarse a los brazos amorosos de Dios y confiar que su padrastro está haciendo lo mejor que puede por ser un padre amoroso y responsable hacia ella. Juan también necesita asegurarle que él no tuvo nada que ver con el divorcio, que él apareció después del hecho y que simplemente está intentando ser el mejor esposo y padre como le es posible.

La tarea de Juan no es fácil. Así como María, él tiene territorio en su mente que ha sido ocupado por el enemigo. Juan fue abusado verbalmente cuando era niño. Su mamá dominante hablaba de manera cruda y con frecuencia decía cosas como: "¡Juan, eres un desastre incompetente! ¿Cómo esperas encontrar un buen trabajo y ser un buen padre y esposo, eh? Eres un flojo ¡y nunca llegarás a ningún lado en esta vida!"

Juan trató arduamente de complacer a su mamá, porque ansiaba su aprobación. Pero entre más se esforzaba, más errores cometía. Tenía el hábito de ser torpe, así que su mamá le decía todo el tiempo que él era así. Y, como podrás adivinar, se le caían más cosas y chocaba con más objetos porque estaba nervioso, especialmente con ella.

Su torpeza y su poca autoestima le hicieron difícil el hacer amigos. Después, en la escuela preparatoria, había una chica que le gustaba mucho. Tuvieron algunas citas, pero terminó por dejarlo por otro chico, uno que prácticamente rebosaba de aptitud y de seguridad en sí mismo.

Cada rechazo, cada palabra severa y desilusión se convirtieron en un tabique de la fortaleza satánica en la mente de Juan. Muy pronto, ya no tenía coraje ni optimismo para la vida. Se volvió penoso, callado e introvertido. Intentó adaptarse a la vida tratando de llamar la atención lo menos posible. Se decía a sí mismo: *No tiene ningún propósito decirle a la gente lo que estás pensando o lo que quieres, porque de todas maneras no te hacen caso. Si quieres que la gente te acepte, es mejor que estés de acuerdo con todo lo que ellos quieran.*

Claro, cuando Juan recién se convirtió en padre, él trató de mantenerse firme y cumplir con sus responsabilidades, pero María nada más lo odiaba por ser así. Ella lo atacaba verbalmente, tal como su mamá solía hacer. Se sentía temeroso de "perder" a María, tal como perdió a sus amigos y a su novia de la escuela, así que con el tiempo se dio por vencido. Él pensó: *Si por lo menos le doy a María lo que quiere, dejará de gritarme.*

Además, de todas maneras no voy a ganar esta situación, así que para qué hacer las cosas miserables en el proceso.

¿Te imaginas cómo es la vida en el hogar de Juan y María? ¿Puedes imaginar los conflictos? Es cierto, por ahora se han detenido las luchas verbales, pero el conflicto no siempre es igual a una guerra abierta. Muchas veces, el conflicto es una tendencia oculta y tormentosa dentro de un hogar. Todos saben que existe, pero nadie quiere lidiar con él o tan siquiera reconocer su existencia.

El ambiente de este hogar es poco prometedor, y al diablo le encanta.

¿Qué crees que sucederá con María, su mamá y su padrastro, tres personas cristianas con buenas intenciones atrapados en una zona de batalla? ¿Lo lograrán? Sería una lástima ver que otro matrimonio fracase y que otra familia quede en ruinas.

Sí lo pueden lograr, pero no será una decisión de un consejero familiar o de su pastor. Es la decisión de la familia. Tendrán que tomar en serio Juan 8:31 y 32. ("Si se mantienen fieles a mis enseñanzas, serán realmente mis discípulos; y conocerán la verdad, y la verdad los hará libres.") Tendrán que seguir estudiando la Palabra de Dios para discernir su verdad. Tendrán que actuar basados en esa verdad para librarlos de sus patrones destructivos. Tendrán que enfrentar sus pasados y darse cuenta del por qué se sienten y actúan de la manera en que lo hacen.

Es doloroso enfrentar nuestro pasado, nuestras fallas y luego lidiar con todo eso. Como regla, la gente prefiere justificar su mal comportamiento y sus actitudes negativas. Permiten que sus pasados, cómo fueron criados, etc., contaminen el resto de sus vidas. Eso no funciona y no es justo para las personas en nuestras vidas. Como algunos de ustedes, fui abusada cuando estaba pequeña. Abusaron de mí emocional, verbal y físicamente. Por tal motivo, entiendo que el pasado tal vez explique *por qué* sufrimos. Pero no podemos usar el pasado como un *pretexto* para permanecer esclavos a un enfoque de vida negativo y de derrota.

Jesús está listo para cumplir la promesa bíblica de liberarte. Si sólo estás dispuesto a seguirlo, Él te guiará hacia la libertad en cualquier área de tu vida. Yo soy una prueba viviente de esa verdad.

Una guerra que se puede ganar

Ustedes no han sufrido ninguna tentación que no sea común al género humano. Pero Dios es fiel, y no permitirá que ustedes sean tentados más allá de lo que puedan aguantar. Más bien, cuando llegue la tentación, él les dará también una salida a fin de que puedan resistir.
– 1 Corintios 10:13

Espero que la historia de Juan y María te demuestre cómo Satanás puede usar nuestras circunstancias en la vida para construir fortalezas en nuestras mentes, para invadir nuestras mentes un sector, un nivel a la vez.

Gracias a Dios que tenemos armas que pueden deshacer cada uno de esas fortalezas. Dios no nos abandonará en el calor de la batalla. Siempre recuerda la verdad de 1 Corintios 10:13: Dios nunca permitirá que estés en desventaja en batalla. Tu podrás aguantar cualquier tentación que Satanás te mande. Dios siempre proveerá una salida al problema, una ruta de escape para ti.

Sin importar qué batalla estés enfrentando ahora, o que te vendrá en el futuro, Dios siempre está de tu lado. Y eso significa que no puedes perder.

CAPÍTULO 3

¿Quién crees que eres?

"Porque cual es su pensamiento en su corazón, tal es él"
— Proverbios 23:7 (REINA VALERA 1960)

Piensa en las palabras de este versículo; ¡es uno de los versículos más importantes en toda la Biblia! Por eso lo verás en otras partes a lo largo del libro. Tus pensamientos son poderosos. No son solamente imágenes y actitudes que se esconden en tu mente; ellos determinan quién eres y en quién te convertirás. Dada esta realidad, ¿no deberías convertir el tener el tipo de pensamientos correctos como una prioridad principal en tu vida?

En este capítulo, quiero grabarte en la memoria la necesidad absoluta de poner en sintonía tus pensamientos con la Palabra de Dios. Porque aquí está una verdad inquebrantable acerca de la vida: No puedes vivir una vida positiva si tienes una mente negativa.

Romanos 8:5 nos advierte: "Los que viven conforme a la naturaleza pecaminosa fijan la mente en los deseos de tal naturaleza; en cambio los que viven conforme al Espíritu fijan la mente en los deseos del Espíritu."

Déjame decir esta verdad de otra manera: Si tu mapa de tu carretera mental está lleno de pesimismo, avaricia, lujuria y orgullo, no podrás seguir el camino que Dios ha trazado para el viaje de tu vida. Te vas a ir a barrancos, vas a ir a toda velocidad hacia un callejón sin salida y vas tomar desviaciones que te llevarán al desastre.

¿Puedes ver a tu alrededor personas cuyas vidas parecen ser un desastre perpetuo? ¿Quedan en esta categoría algunos de tus amigos? Tal vez sea un hermano o hermana. Las personas intentan ayudarlos; tal vez intentan ayudarse a sí mismos, pero simplemente no pueden lograr un avance constante. Si es así, probablemente sea porque sus esfuerzos son bien intencionados pero al fin y al cabo ineficaces. Por ejemplo, si alguien es adicto a la metanfetamina, tal vez las personas a su alrededor piensen que si ellos pueden controlar su acceso a la droga, todo estará bien. Puede que este enfoque ayude por un tiempo, pero los adictos son astutos e ingeniosos. Si en verdad quieren encontrar droga, lo más probable es que lo lograrán.

La única manera de ayudar realmente a alguien así es arreglar su mente, su vida seguirá después. Tienes que llegar a la raíz del problema, no solamente tratar con los resultados visibles.

Te daré un estreno preliminar de una entrevista que leerás más adelante en este capítulo. La entrevista es con Terrence, un joven que antes era adicto a las drogas. Conforme te cuenta cómo destruyó esta fortaleza específica en su vida, te explica que él no simplemente dejó de usar la droga. Él dice: "Me convertí en una nueva persona. Me convertí en el tipo de persona que no usaría drogas".

Él cambió totalmente su manera de pensar, su actitud completa hacia la vida y hacia las drogas. Es por eso que hoy es libre de las drogas, mientras que muchos otros están atrapados en un ciclo desgarrador de rebotar/recaer/repetir.

Hace años el Señor me grabó esta verdad en la mente, mientras que yo luchaba por tener un compañerismo personal con Él, a través de la oración, la lectura y el estudio de la Biblia. Me estaba costando mucho trabajo disciplinarme a hacer estas cosas, hasta que Dios me mostró qué tan importante son en la vida. Él me mostró que así como mi vida física depende de la alimentación, el ejercicio y el cuidado médico apropiado, mi vida espiritual prospera al pasar con regularidad, tiempo de alta calidad con mi Creador amoroso.

Al ayudarme a entender esta similitud entre el bienestar físico y el espiritual, Dios me ayudó a dar en mi vida un estado de prioridad al compañerismo que tengo con Él. Ahora tengo una actitud completamente diferente hacia el mantenimiento y crecimiento de mi vida espiritual. Yo no ignoraría la sensación física de hambre, porque entiendo que el comer no es solamente una "rutina" que siento que debo llevar a cabo; es algo que *necesito*. El alimentarme espiritualmente también es algo vital. Después de todo, como se ha dicho antes, "no somos seres humanos teniendo una experiencia espiritual; somos seres espirituales teniendo una experiencia humana".

**La guerra contra las drogas,
una entrevista desde las líneas delanteras**

Echa un vistazo a esta entrevista con Terrence, un joven que antes era adicto a las drogas. Toma en cuenta la mentalidad que lo metió en las drogas y la que lo ayudó a buscar una manera de salir.

¿Cómo es que caiste en las drogas?

Fue como caer en un hoyo. Sucedió tan rápido que ni me di cuenta que estaba cayendo. En un minuto, estaba en una fiesta, escuchando música con unos nuevos amigos, y al siguiente, estaba desesperado, haciendo cosas que nunca pensé que haría ni en un millón de años, todo por tener de nuevo esa sensación que deja la droga. No había nada horroroso que no haría. En pocas semanas, odiaba las drogas. Odiaba la sensación que las drogas me daban, pero lo tenía que hacer.

¿Cómo era la adicción a las drogas?

Fue como una trampa y me sentía tan tonto porque entré a ella por mi propia voluntad. Yo era un chico inteligente. Conocía los peligros. Pero de todas maneras los elegí. Pensé: *Otros chicos no pueden con las drogas, pero yo soy inteligente. Soy fuerte. Puedo parar. Tendré cuidado. Podré controlarlas.* Y después, en cuanto empecé a tomarlas, supe que había sido atrapado.

Entonces, ¿perdiste el control?

En realidad nunca tuve control desde el momento que elegí atravesar la raya y meterme en el lío por primera vez. No quieres entrar en pánico, así que te dices a ti mismo: *Todo está bien. Esto no está tan mal. Simplemente soy como todas estas otras personas.* Pero la verdad es que te estás muriendo y como a los diez segundos después de que empiezas lo sabes muy bien. Y por nueve segundos, ya es demasiado tarde.

¿Cómo dejaste de tomar las drogas?

No nada más dejé de tomar las drogas. Me convertí en una persona nueva. De hecho, cada día aún me estoy convirtiendo en esa persona. No puedo dejar de correr en la dirección opuesta a [las drogas] o puede que me atrapen. Dios me ha ayudado mucho a cambiar mi identidad. Antes de meterme en las drogas dije que era cristiano, pero no lo estaba viviendo. No era una nueva criatura. Le diría a quién sea que esté por ahí, si tienes una adicción o un mal hábito, no sólo pares el comportamiento, cambia toda tu identidad. Conviértete en alguien diferente, alguien que nunca haría las cosas destructivas que tú estás haciendo. Cambia tus amigos si ellos están metidos en las drogas. Yo lo hice. Cambié de trabajo, de lugares, de hábitos, de mi manera de pensar, de la forma que hablaba y me vestía. Lo que sea que alimentaba mis viejos hábitos.

¿Qué les dirías a los lectores que están contemplando experimentar o probar droga "sólo una vez"?
Yo pensé que con una sola vez no pasaría nada. Una sola vez condujo a miles de dólares gastados, una hospitalización, el casi morir y años de remordimiento. ¿Con una sola vez no pasa nada? Te tengo sólo una palabra para eso: ¡DOLERÁ!

¿Está maduro tu fruto?

En el Evangelio de Mateo, Jesús explica que un árbol es conocido por su fruto. Un árbol que tiene una enfermedad dará mal fruto. Un árbol inmaduro o desnutrido no dará fruto para nada.

El mismo principio es verdad en nuestras vidas. Los pensamientos dan fruto. Piensa buenos pensamientos y el fruto en tu vida será bueno. Piensa malos pensamientos y el fruto en tu vida será malo.

Puedes tomar nota de la actitud de alguien y su comportamiento hacia la vida y saber qué tipos de pensamientos están detrás de esa persona. Una persona linda y amable no está llena de pensamientos malos y vengativos. De la misma manera, una persona realmente malvada no pasa cada momento que está despierto, meditando en pensamientos puros y amorosos.

Memorízate Proverbios 23:7, tal vez en una o más versiones de la Biblia. Una de mis favoritas es de la *Biblia de las Américas*, que dice: "pues como piensa dentro de sí, así es. Él te dice: Come y bebe, pero su corazón no está contigo". No importa la versión que tú prefieras, agárrate del mensaje principal de este versículo y permite que sea un apoyo que te guíe en tu vida. Como pienses de ti mismo en tu corazón, eso serás. En otras palabras, ve y después sé.

CAPÍTULO

Perseverancia = Recompensa

No nos cansemos de hacer el bien, porque a su debido tiempo
cosecharemos si no nos damos por vencidos.

— Gálatas 6:9

En este momento, tal vez piensas que tu vida apesta. Puede que estés solitario, batallando en la escuela, te sientes rechazado por tus padres y tus amigos. Tal vez, como yo, has sido víctima de abuso de alguien (como mi padre) en quien pensabas que podías confiar y no sabes cómo lidiar con tus sentimientos de culpabilidad, traición y falta de valor. Estoy aquí para decirte algo: ¡No te des por vencido!

No importando qué tan destrozada o fuera de control esté tu vida, puedes recuperar el territorio que el diablo te ha robado. Tal vez lo tengas que hacer un centímetro a la vez, pero, al apoyarte en la gracia y el poder de Dios a cada paso del camino, podrás tener una vida más allá de tus más grandes sueños.

Eso es lo que está diciendo el apóstol Pablo en el versículo que está al inicio del capítulo, ¡sigue adelante! ¡No te des por vencido! Y Pablo se ganó el derecho de decir esas palabras. Muchas veces estuvo encadenado en una celda en prisión. Sobrevivió muchas palizas brutales. También sobrevivió un naufragio y la mordedura de una serpiente venenosa. Más allá de todo eso, tenía una condición física que lo atormentaba tanto, que le pidió a Dios tres veces que se la quitara. Entonces, este personaje no es un debilucho con privilegios de sobra que te está exhortando a perseverar. Éste es un sobreviviente verdadero.

Lo que ayudó que Pablo sobrepasara sus pruebas, y lo que te ayudará a ti también, es confiar en la fuerza de Dios. En el libro de Isaías, Dios promete: "Cuando pases por las aguas, yo estaré contigo; y si por los ríos, no te anegarán" (Isaías 43:2 RV). Dios estará contigo, amándote, escuchándote, animándote y dándote la fuerza espiritual para aguantar cualquier cosa que te suceda.

La elección es tuya

¿Has escuchado la expresión "Un centavo por tus pensamientos"? Pues, si alguien en verdad te hace esa propuesta, deberías aceptarla. Te podrías hacer rico bastante rápido. En las siguientes 24 horas, tu mente podría generar hasta 50,000 pensamientos, a menudo piensas muchos al mismo tiempo. Entonces, ¡el valor de todo un día de pensamientos podría hacerte ganar $500!

El problema es que muchos de esos pensamientos no valen ni siquiera un centavo. Hoy en día, si no tenemos cuidado, nuestros pensamientos pueden ser provocados por imágenes depravadas de la Internet o la televisión, los malos consejos y las charlas descuidadas de las celebridades. Las 24 horas, los siete días de la semana, te está bombardeando tanta información mala que toma poco o nada de esfuerzo pensar pensamientos malos. Es como la configuración por defecto de la computadora. Nadie dice: "Mmm, estoy aburrido, así que creo que tendré algunos malos pensamientos en mi mente y me entretendré con ellos por un tiempo". Con las muchas herramientas que Satanás tiene a su disposición, lo único que tienes que hacer es sentarte ahí pasivamente, y, sin tener que esperar, algo malo visitará tu mente. No tienes que ir en la búsqueda de cosas malas para tu mente; ellas vendrán a ti.

Por otro lado, pensamientos buenos y correctos requieren de esfuerzo. Tienes que *elegir* pensar de la manera en que Dios piensa, y luego seguir eligiendo pensamientos correctos cada día y noche. ¿Recuerdas la entrevista con Terrence, el ex drogadicto? Él dijo que el proceso de "convertirse en una nueva persona" era algo en lo cual tenía que trabajar todos los días.

Piénsalo de esta manera: Si ya no quieres tener condición física, realmente no tienes que *hacer* nada. Simplemente el estar sentado y comer cualquier comida chatarra que esté a la mano, rápidamente te convertirá en un barrigón (o barrigona) débil.

Pero estar sano y fuerte requiere de un esfuerzo del que debes estar al pendiente. Debes pensar en lo que vas a comer y lo que debes evitar. Tienes que hacer elecciones inteligentes en cuanto a los alimentos durante cada hora de comida, cada botana. No te puedes permitir caer en hábitos alimenticios descuidados. Y te tienes que disciplinar para hacer ejercicio, hacerlo una prioridad en tu vida. Tendrás que hacer cosas aun cuando no tienes ganas de hacerlas.

Tu mente merece el mismo tipo de atención, de hecho, merece aún más atención. Enfrentarás muchas elecciones en la vida. Dios quiere que tomes las elecciones correctas, y eso comienza en tu mente. Tus pensamientos se convierten en palabras; tus pensamientos se convierten en tus acciones; tus pensamientos se convierten en tu vida. Así que, escoge pensamientos que afirman y generan vida. Cuando lo hagas, las palabras y acciones positivas los seguirán. Vive tu vida anticipando lo mejor y no temiendo lo peor. Y recuerda que no estás sólo. Continúa diciéndote a ti mismo: "No me daré por vencido, porque Dios está de mi lado. Él me ama, y siempre me ayudará". Recuerda por siempre esta promesa de la Biblia: "Porque el Señor cuida a los que hacen el bien, escucha sus oraciones, y está en contra del malvado" (1 Pedro 3:12, BIBLIA EN LENGUAJE SENCILLO).

No te des por vencido.
No se puede construir una mente en un día

A veces te vas a desanimar, conforme te vas esforzando por perseverar y pensar y actuar de la manera correcta. Eso no debería sorprenderte. Recuerda, estás tratando de volver a programar una mente que ha sido corrompida por todo tipo de "virus" y "gusanos" del mundo.

Vas a tener que dejar ir algunas cosas. Tendrás que ser paciente. Y ya que estén arregladas las cosas, tendrás que aprender algunos comandos nuevos, tomar unas precauciones de más.

Pero no te desanimes; tienes a Dios de tu lado, el experto en informática. Él puede volver a programar tu disco duro mental, sacar los virus e instalar contrafuegos para protegerte en el futuro. Hay veces que este proceso toma tiempo, pero te prometo esto: Vale la pena.

CAPITULO 5

El poder de
lo positivo

La vida no es fácil, pero es sencilla. Las mentes positivas producen vidas positivas. Las mentes negativas producen vidas negativas. Y las mentes positivas siempre están llenas de fe y esperanza, mientras que las mentes negativas están llenas de temor y dudas.

¿Tienes miedo a la esperanza? ¿Tienes miedo de imaginar las cosas increíbles que podrían suceder en tu vida, porque no puedes enfrentar la desilusión de ver que tus sueños se deshacen? Hay muchas personas que se sienten así. Se han desilusionado tantas veces que ya no quieren abrirse para ser lastimados de nuevo. Están viviendo la vida de tal forma que están a la defensiva todo el tiempo. Su enfoque es protegerse, protegerse y protegerse.

Es comprensible que las personas quieran evitar el dolor que provoca la desilusión, pero regresemos a ese versículo clave, Proverbios 23:7: "Porque cual es su pensamiento en su corazón, tal es él" (REINA VALERA).

Te quiero confesar algo: Años atrás, yo era una persona extremadamente negativa. Si me has visto en la televisión o me has escuchado hablar, tal vez se te haga difícil creer, pero es verdad. Antes yo decía: "Si pensara dos pensamientos positivos al mismo tiempo, ¡le daría un calambre a mi cerebro!". Mi filosofía de vida era esta: "Si no esperas que sucedan cosas buenas, entonces no te desilusionarás cuando no sucedan".

Yo era una persona *muy* divertida, cómo te podrás imaginar.

Yo pensaba de tal forma porque había soportado tantas desilusiones en mi vida, incluyendo el haber sido abusada y el no poder ir a la universidad. Estas desilusiones afectaron toda mi perspectiva de la vida. Mis pensamientos eran negativos; mis palabras eran negativas. Toda mi vida era negativa.

Para tratar de sacarme a mí misma de las arenas movedizas del pesimismo, comencé a estudiar seriamente la Palabra de Dios. Le pedí a Dios que me restaurara, que restaurara mi alma. Conforme me esforzaba, me di cuenta que tenía que eliminar mi actitud negativa hacía la vida.

Me enfoqué en versículos como Mateo 8:13, donde Jesús nos dice que así como pensamos y creemos, "todo se hará tal como [creímos]...". Esto tenía sentido por completo. Cada creencia que yo tenía era negativa, así que no era de sorprenderse que me sucedieran cosas negativas a cada rato.

Ahora, es importante señalar que Jesús no está diciendo que puedes obtener todo lo que quieras con tan sólo pensarlo. Dios es tu Señor, no tu genio personal que está en una botella. Pero, Él si tiene un plan perfecto para ti. Y ese plan no es para que atravieses la vida estando deprimido y desanimado. Jesús proclamó: "Yo he venido para que tengan vida, y para que la tengan en abundancia" (Juan 10:10 REINA VALERA).

Está bien si en este momento no tienes ni idea de lo que Dios quiere que hagas con tu vida. Habla con Él al respecto. Dile: "Dios, no sé cuál es tu plan para mí, pero si sé que me amas y sea lo que sea que hagas con mi vida, será bueno. Por favor guíame en la vida abundante que sé que quieres que viva".

Luego, practica ser positivo en cada situación que se te presente en la vida. Eso no será fácil, porque no todo lo que te sucede será positivo; no todo será bueno. Pero puedes estar seguro de que Dios te hará ver lo bueno aún en las malas circunstancias. Él puede hacerte sentir gozo incluso en las circunstancias tristes.

Ahora, sé que la frase "cuando la vida te da limones, haz limonada" se ve muy bien escrito sobre un papel. Pero, ¿funciona en la vida real? ¿En verdad puede Dios disponer todas las cosas para el bien, como lo promete en Romanos 8:28?

La respuesta es sí. Y aquí tenemos sólo un ejemplo, desde el mundo brutal del boxeo. Gene Tunney fue un gran boxeador de peso pesado que tenía poder para noquear en las dos manos. Lamentablemente, con el tiempo, los muchos rounds con contrincantes de cabeza dura que peleaban contra él, dejaron los puños de Tunney como pedacitos de leña. Tenía tantos huesos rotos en sus manos que parecía que su carrera se había terminado. Muchas personas se hubieran dado por vencidos si hubieran estado en los zapatos de Tunney, o en este caso, en sus botas de boxeo.

Pero Tunney no renunció. Se mantuvo positivo. Volvió a programar su enfoque completo hacia su deporte. Cambió su estilo, de ser un peleador alborotado que golpeaba fuerte a ser un especialista en estrategias, tácticas con técnicas precisas. Se enfocó en dar puñetazos bien puestos en lugar de segadores locos. El nuevo estilo científico de Tunney le ayudó a bien. Con el tiempo ganó un encuentro de campeonato mundial contra Jack "The Manassa Mauler" Dempsey, el boxeador de peso pesado más temido de su tiempo.

Tunney destrozó a Dempsey. Dos veces. Dempsey, un peleador alborotado, se frustró con el estilo cuidadoso e intencionado de Tunney. Si Tunney hubiera intentado luchar con Dempsey utilizando su estilo antiguo, lo habrían sacudido. No hubiera podido pararse firme e intercambiar golpes de noqueo con Dempsey. Así que, lo que parecía ser una tragedia en la vida de Tunney se convirtió en justo lo que le ayudó a hacer realidad su sueño.

Tal vez estés más familiarizado con el logro de Lance Armstrong, quien superó un cáncer que amenazaba su vida para convertirse en el mejor ciclista de su generación. Él declaró públicamente: "El tener cáncer es lo mejor que me ha sucedido". Él ha dicho que nunca hubiera sido un ganador múltiple del Tour de Francia sin la perspectiva y la perseverancia que aprendió mientras luchó contra el cáncer.

Así como Tunney y Armstrong, tú te puedes adaptar a lo que la vida te arroja. No tienes que sentirte derrotado cuando las cosas no resultan como esperabas. Confía que Dios hará el bien en tus circunstancias. ¡Es posible que encuentres que los resultados finales son mejores que los que esperabas!

Un punto final sobre este tema: Si tienes la tendencia de ser una persona negativa, no te sientas mal. No te sientas condenado. Porque la condenación en sí es negativa. No hay nada peor que ser negativo acerca de tu pesimismo, ¡encima de todo lo demás! Solamente reconoce el problema y empieza a confiar en Dios para que te restaure, que te muestre la manera de salir de tu túnel oscuro.

¡Un nuevo día!

Por lo tanto, si alguno está en Cristo, es una nueva creación.
¡Lo viejo ha pasado, ha llegado ya lo nuevo!
— 2 Corintios 5:17 NVI

Aun si en el pasado has sido una persona negativa, no tienes que permanecer así. Si tú crees en Cristo, eres una nueva persona, una nueva creación. No tienes que permitir que las cosas que te sucedieron en el pasado te sigan hundiendo. Puedes tener un tipo de vida completamente nuevo. Tu mente puede ser renovada por el poder y la sabiduría de la Palabra de Dios. Así que anímate, te van a suceder cosas buenas.

Una de las cosas más difíciles para ser liberado de la cárcel del pesimismo es enfrentar la verdad: "He sido una persona negativa, pero quiero cambiar. Yo no tengo el poder para cambiarme a mí mismo, pero creo que Dios me cambiará conforme confío en Él. Esto tomará tiempo, pero no me desanimaré conmigo mismo. Dios ha comenzado una buena obra en mí y claro que Él puede completarla" (ver Filipenses 1:6).

El Espíritu Santo de Dios, viviendo dentro de ti, es la clave para completar las cosas en tu vida. Si estás dispuesto a escuchar y estar consciente espiritualmente, el Espíritu Santo te advertirá cada vez que comiences a hundirte de nuevo en el pesimismo, algo parecido al foquito del carro que dice "vacío", que se prende cuando se está acabando la gasolina. Hazle caso a la advertencia. Pídele a Dios su ayuda. No pienses que puedes lidiar con esto tú sólo. Permite que Él llene tu tanque.

Aquí hay algo interesante que te sucederá conforme permitas que Dios transforme tu pesimismo a una versión más positiva: Notarás pesimismo en otras personas y no te va a gustar. Te preguntarás, *¿en verdad fui negativo antes?* Es como este ejemplo: Yo fumé cigarrillos por muchos años antes de dejarlos por fin. Pero una vez que los dejé, no podía ni aguantar el olor del humo de los cigarrillos.

Así mismo actúo con el pesimismo. Yo era una persona muy negativa. Era una de esas personas que entran a una casa nueva y hermosa, con una decoración impecable, y se daba cuenta que una esquina del tapiz se estaba despegando, o veía la pequeña marca en la ventana. Ahora ya no aguanto el pesimismo. Es casi ofensivo para mí.

Aquí es importante comentar que el ser positivo no es igual a ser poco realista, no es tener una sonrisa tonta en nuestras caras todo el tiempo. Si tienes gripa, no digas: "No estoy enfermo" o "Me encanta tener fiebre y vomitar todo el día, ¡es divertido!".

No niegues la verdad, pero sí mantente positivo. Di, "Yo confío en que Dios me va a sanar; este virus no me va a detener por mucho tiempo". Es mejor eso a decir: "Nunca me sentiré bien. De hecho, es muy probable que empeore y termine en el hospital".

En otras palabras, esfuérzate por obtener equilibrio en la vida. Ten una "mente preparada", sé alguien que esté preparado a mantener una buena perspectiva hacia la vida y lidiar eficazmente con cualquier cosa que suceda.

¿Has escuchado antes la frase "mente preparada"? Proviene del libro de Hechos, capítulo 17, el cual habla acerca de un grupo de personas que recibieron una información con una "buena disposición mental" (v. 11). Esto significa tener abiertas nuestras mentes a la voluntad de Dios para nosotros, no importando lo que vaya a suceder.

¿Alguna vez has experimentado el dolor de una separación romántica? Recientemente, una joven que conozco enfrentó la tristeza de la ruptura de su compromiso de matrimonio. Después de que ella y su novio cancelaran la boda, comenzaron a orar para saber si el Señor aún quería que continuaran su noviazgo, aunque una boda ya no estaba programada en un futuro cercano.

La joven quería continuar con la relación y, sinceramente, tenía la esperanza y creía que su ex prometido se sentiría igual.

Yo le aconsejé: "Ten una mente preparada, en caso de que las cosas no resulten como tú quieres".

Ella me contestó: "¿Eso no es ser negativo?".

No lo era. El pesimismo sería pensar: *Se ha terminado mi compromiso de matrimonio; mi vida se ha acabado. Nadie jamás me querrá de nuevo. Nadie me ama, y yo fracasé en el amor. ¡Supongo que ahora terminaré siendo una viejita deprimida con 30 gatos a mí alrededor!*

Por otra parte, el tener una mente positiva y preparada, produciría esta actitud: "Realmente estoy triste por la ruptura de este compromiso de matrimonio, pero voy a confiar en Dios para ayudarme a lidiar con las repercusiones. Espero que mi novio y yo aún podamos ser novios. Yo voy a pedir y creer que se restaurará nuestra relación. Pero, más que nada, quiero la voluntad perfecta de Dios. Si las cosas no salen como yo quiero, sobreviviré, porque Jesús vive en mí. Tal vez sea difícil por un tiempo tener que lidiar con esta situación, pero yo confío en el Señor. Creo que al final todo resultará para bien".

Así es como enfrentas los hechos y te mantienes positivo.

Esto es tener equilibrio.

El poder de la esperanza

Mi esposo Dave y yo creemos que Joyce Meyer Ministries y el trabajo que hacemos crecerá cada año. Siempre queremos ayudar a más y más personas. Pero también nos damos cuenta que si Dios tiene un plan distinto, no podemos permitir que la situa-ción nos robe nuestro gozo.

En otras palabras, tenemos la esperanza de muchas cosas, pero es más importante en *quién* creemos que todas las cosas que *queremos*. No sabemos si nuestro ministerio seguirá creciendo o si permanecerá igual, o incluso se haga más pequeño en tamaño o alcance. Pero lo que sí sabemos es que no importa cuál sea el caso, Dios siempre hará que las cosas resulten para nuestro bien.

Ya para este punto algunos de ustedes pueden estar diciendo:

"Joyce, si conocieras mi situación, ni tú esperarías que fuera optimista".

Si te sientes así, quiero compartir una historia contigo. Hace muchísimos años, en los tiempos del Antiguo Testamento, Dios le prometió a un hombre llamado Abraham que sería "el padre de muchas naciones". Que sus descendientes serían tantos que ni los podría contar todos.

Sólo había un problema: Abraham tenía alrededor de 100 años en ese entonces y su esposa Sara, también era una anciana, quien ya no tenía edad para tener hijos, aparte de que era estéril. La Biblia nos cuenta incluso que Sara "no podía embarazarse".

Entonces, Abraham evaluó su situación. Era un hombre viejo con una esposa vieja, y todavía no se había inventado el Geritol y todo lo demás. No había niños probetas en el tiempo de Abraham. No había probetas para nada. El razonamiento humano decía que la situación era imposible, pero la Biblia dice que el viejo Abraham no vaciló ni desconfió de la promesa de Dios. Él simplemente tuvo esperanza en la fe. Dejó la situación en las manos de Dios, con la comprensión de que, humanamente hablando, no tenía ninguna razón para ser optimista. Así que puso todo en el terreno del Dios que hace maravillas.

¿Cuál es la lección para ti? Aun cuando las cosas parecen ser imposibles, no descartes que Dios a veces intervendrá y hará algo increíble. No deberías esperar milagros siempre. Pero está bien que confíes en Dios a través de ellos cuando Él te ha dicho así. Los milagros suceden para aquellos que realmente creen.

Una de mis escrituras favoritas es Isaías 30:18: "Por eso el Señor los espera, para tenerles piedad; por eso se levanta para mostrarles compasión". Medita en estas palabras y te traerán gran esperanza. Dios está buscando ser amable con alguien. Él quiere mostrar su bondad. Pero alguien que tiene una actitud amarga y una mente oscura, no va a experimentar esa bendición.

No permitas que Satanás
juegue con tu mente

s hora de confesar otra vez: Hubo un punto en mi vida cristiana en el que comencé a luchar para creer ciertas cosas.
Empecé a dudar si lo que estaba haciendo con mi vida y mi
ministerio en verdad era lo que Dios quería que hiciera. Sentía
que estaba perdiendo de vista la visión que Dios me había dado
para Joyce Meyer Ministries. Como resultado, me volví miserable.
La duda y el no creer siempre producen miseria.

Después me vino una frase a la mente, por dos días seguido: *espíritus de juegos mentales.* No le presté mucha atención a esta frase
la primera vez que entró en mi mente. Pero me seguía acordando
de las palabras.

Pensé en todos los trucos y estrategias que Satanás utiliza en contra de los creyentes para confundir, nublar y contaminar sus mentes. Así que comencé a orar por la derrota de los espíritus de juegos mentales en mi propia vida y en todo el Cuerpo de Dios. Después de sólo unos minutos de oración, sentí una gran sensación de alivio, de ser rescatada de un ataque sobre mi mente. Fue un sentimiento dramático y estaba agradecida por la sensación de liberación que Dios me dio.

Ahora, tal vez te estés preguntando: "¿Pero que son los 'espíritus de juegos mentales'? Suena como algo de una novela de fantasía".

Piensa en este concepto de la siguiente manera: Los espíritus de juegos mentales son como semillitas que Satanás siembra en tu mente. Con el tiempo, estas semillas se convierten en malas hierbas, malas hierbas de duda, de inseguridad, de incredulidad y de cinismo. Esto contamina y llena el paisaje de tu mente. Se enroscan en tu mente, apretándola, irritándola. Te comienzas a sentir muy mal.

Si sientes que en tu mente crecen este tipo de malas hierbas, es tiempo de que saques tu máquina espiritual para deshacerte de ellas, por medio de creer y confesar en la Palabra de Dios. En Juan 8, Jesús prometió: "Si se mantienen fieles a mis enseñanzas, serán realmente mis discípulos; y conocerán la verdad, y la verdad los hará libres" (versículos 31-32).

En otras palabras, la Palabra del Señor puede hacer que tu mente esté libre de las malas hierbas. Eso fue como funcionó para mí. Antes de que Satanás comenzara a jugar con mi mente, yo creía que aunque era una mujer de Fenton, Missouri, que no provenía de un pasado sobresaliente, Dios todavía me podía utilizar para traer bien al mundo. Él me abriría las puertas y yo predicaría alrededor del mundo, compartiendo los mensajes prácticos y libertadores que Él me había dado. También confiaba en que tendría un ministerio de radio, que Dios me usaría para sanar a los enfermos y que mis hijos también serían parte del ministerio. Yo creía todas estas cosas, y muchas otras cosas maravillosas que Dios había puesto en mi corazón.

Entonces llegó el ataque satánico. Después de un tiempo, ya no podía creer en casi nada. Comencé a decirme a mí misma:

Lo más probable es que sólo inventé esos sueños con respecto al ministerio. Es posible que ni sucedan.

Pero después de haber orado, esos espíritus, esas malas hierbas desparecieron. Y ya que se habían ido, regresó precipitadamente la habilidad para creer lo mejor para mi vida y mi ministerio.

Decide creer

Cuando algunas personas escuchan la palabra *creer*, lo asocian con una emoción. Pero aunque el creer puede traer consigo algunas emociones, es más que un sentimiento. El creer en una decisión, un acto de voluntad. El creer es perseverar y seguir el plan de Dios aún cuando nuestras emociones están agotadas, aún cuando le falta entendimiento a nuestra mente. El creer va más allá del entendimiento. Es seguir la convicción de tu corazón, aun cuando tu mente se está quedando atrás, o está discutiendo consigo mismo. Es importante entender el significado verdadero del creer, porque muchas veces nuestras mentes se niegan a creer lo que no pueden comprender.

Observa que es crítico creer en lo que dice su Palabra, aun cuando no entendemos por completo todos los por qué y los cuándo y los cómo, porque los caminos de Dios son más altos que los nuestros, y su entendimiento es mucho más que el de nosotros. Si estás leyendo este libro de noche, mira las luces a tu alrededor. ¿Comprendes todas los complejos de la electricidad y los circuitos que crean la luz a tu alrededor? Lo más probable es que no. Pero de todas maneras puedes disfrutar de ella y beneficiarte de la iluminación.

Piensa acerca de la historia anterior de Abraham. Si él hubiera visto solamente las realidades físicas, los hechos médicos difícil de aceptar, no hubiera tenido razones para creer en la promesa que Dios le hizo. Pero en lugar de eso, creyó en Dios y fue recompensado grandemente por su creencia: Él es el padre de toda la gente judía. Es muy probable que veas a algunos de los descendientes de Abraham todos los días, ya sea en persona o a través de los medios de comunicación.

El diablo tiene bastantes semillas que quiere sembrar en tu mente. Pero tienes, por medio de la Palabra de Dios, su amor y poder, para cortarlas, arrancarlas o no permitir que echen raíz desde un principio.

Falso o verdadero para jóvenes

Pon tu mente a prueba con este cuestionario a continuación...

1. La mayoría de los jóvenes que beben lo hacen con responsabilidad.
2. Las vírgenes todavía son una gran mayoría entre las jóvenes.
3. La televisión y otras formas de entretenimiento afectan poco o nada el comportamiento sexual.
4. Un número significativo de adolescentes habrá tenido relaciones sexuales para cuando cumplan 13 años.
5. No es fuera de lo común que un joven de Estados Unidos tenga hasta cuatro tarjetas de crédito.
6. Los condones son una manera eficaz de prevenir el embarazo y las enfermedades de transmisión sexual.
7. Los adolescentes y jóvenes adultos de hoy en día están muy preocupados con respecto a las enfermedades de transmisión sexual.
8. La mayoría de los jóvenes que están activos sexualmente tienen condones a la mano.
9. Los peligros que dicen de la marihuana son exagerados. Realmente no hace tanto daño.
10. Es ilegal tener relaciones sexuales si eres menor de 16 años.
11. No te puedes contagiar con una enfermedad de transmisión sexual, a menos que hayas tenido relaciones sexuales.
12. La mayoría de las mujeres que están activas sexualmente no se pueden contagiar con una enfermedad de transmisión sexual.
13. Los padres son una fuente muy grande de donde los jóvenes obtienen su alcohol.

(Respuestas del cuestionario "Falso o verdadero para jóvenes")

1. Falso. Casi la mitad de las personas menores de 21 años que beben alcohol se emborrachan, lo cual significa que consumen cinco bebidas o más un periodo de cuatro horas.[1]

2. Falso. La mitad de los estudiantes del tercer año de secundaria al último grado de la preparatoria han tenido relaciones sexuales.[2]

3. Falso. Los adolescentes que ven mucho sexo en la televisión son dos veces más propensos a tener sexo en comparación a quienes les es restringido ver sexo en la televisión.[3]

4. Verdadero. El Centro de los Estados Unidos para el control de enfermedades y el estudio más reciente de Prevention del comportamiento del riesgo de los jóvenes, nos dice que el 7.4% de adolescentes ha tenido relaciones sexuales para cuando cumplen los 13 años.[4]

5. Verdadero. Casi el 20% de los jóvenes de 18 años tiene cuatro o más tarjetas de crédito, con un saldo promedio de entre $3,000 y $7,000 dólares.[5]

6. Falso. Por ejemplo, la mitad de personas que visita una clínica para enfermedades de transmisión sexual en el Colorado, reporta accidentes relacionados con los condones, tales como: se resbaló o se rompió o su uso incorrecto. Además, sólo el 46% de jóvenes adultos que está sexualmente activos "siempre" o incluso "seguido", usa condones durante la actividad sexual. Y sólo el 36% dice que siempre rechaza el sexo si sus parejas se rehúsan a usar un condón.[5]

7. Falso. El 44% de jóvenes adultos sexualmente activos no se preocupa por contraer una enfermedad de transmisión sexual; el 49% de hombres y el 39% de las mujeres.[7]

8. Falso. Mientras que el 77% de hombres y mujeres jóvenes sexualmente activos dice que lo inteligente es llevar condones, sólo el 23% dice que ellas siempre tienen uno a la mano.[8]

9. Falso. Los jóvenes adultos que fuman marihuana cada semana tienen el doble de riesgo de lidiar con la depresión más adelante en la vida, y son tres veces más probables de tener pensamientos acerca del suicidio que los que no lo fuman. Un factor en estos peligros es que la marihuana de hoy en día tiene el doble de potencia que la de las generaciones anteriores, y los jóvenes de hoy están empezando a tomar droga a edades más y más tempranas, durante los años críticos para el desarrollo del cerebro.[9]

10. Verdadero. Es ilegal tener relaciones sexuales si eres menor de 16 años, aún si tu pareja también es menor de edad.[10]

11. Falso. Puedes contraer una enfermedad de transmisión sexual al tener sexo oral o incluso por el contacto de la mano con los genitales.[11]

12. Falso. El 80% de mujeres sexualmente activas contrae el VPH (Virus de papiloma humano), un virus de transmisión sexual que vive en la piel, alrededor de la vagina, del ano o del pene. Las treinta filtraciones aproximadamente del VPH se propagan a través del contacto de piel con piel y pueden causar verrugas genitales y cáncer cervical.[12]

13. Verdadero. En una encuesta nacional a más de 700 jóvenes de entre 13 y 18 años, "sus padres", con su conocimiento y consentimiento, fueron nombrados la fuente número uno para adquirir bebidas alcohólicas. "Los padres de alguien más" (también con su conocimiento y consentimiento) representaba la fuente número cuatro.[13]

Piensa acerca de
lo que estás pensando

En tus preceptos medito, y pongo mis ojos en tus sendas.
— Salmo 119:15 NVI

¿**C**uáles son las reglas en tu casa en cuanto a la Internet, la televisión y la música? ¿Tu computadora tiene restricciones de los padres? ¿Hay ciertos programas de televisión o canales completos que no te permiten ver?

¿Cada vez que le pides permiso a alguno de tus padres para ir a ver una película te preguntan qué clasificación es la película?

Tal vez has adoptado algunas reglas propias. Tal vez no compras un disco compacto que tiene la etiqueta que dice "Advertencia para los padres" o no visitas ciertos sitios de la red o de charla.

Si algo de esto te suena conocido, ¡bien por ti (y por tu padre o papás también)! Conforme el contenido de los medios de comunicación se ha vuelto más y más dudoso, más personas están siendo más cuidadosas con lo que ven, lo que leen y lo que escuchan.

Lamentablemente, hay muy pocas personas que aplican el mismo tipo de disciplina a sus vidas con respecto a sus pensamientos.

La mayoría de las personas permiten que pensamientos sin propósito entren a sus mentes y pasan tiempo valioso contemplándolos. Algunos pensamientos son bastantes inofensivos, tales como: *Me pregunto cuál es el récord mundial de comer "hot dogs"*. Otros pueden ser impuros o tortuosos. De cualquier modo, los pensamientos descuidados nos distraen de los pensamientos puros, positivos, pensamientos que nos llevan a una vida gratificante, en lugar de una vida malgastada.

El salmista, quien fue citado al inicio de este capítulo, entendía el concepto de "pensar acerca de los que estás pensando". Él dijo que pensaba y meditaba en los consejos de Dios. Eso significa que pasaba muchísimo tiempo meditando y considerando el carácter de Dios, las reglas de Dios para vivir.

El meditar en la Palabra de Dios tiene sus recompensas. La Biblia promete que la persona que es fiel a esta práctica es como un árbol plantado a la orilla de un río. Un árbol que da buen fruto y prospera. La Biblia promete que este tipo de persona será bendecido.

El Evangelio de Marcos lo dice de otra manera: "Pongan mucha atención...Con la medida que midan a otros, se le añadirá. Al que tiene, se le dará más..." (Marcos 4:24-25 NVI) En otras palabras, entre más tiempo que pasamos pensando en la Palabra conforme la leemos y la escuchamos, tendremos más poder para vivir nuestra fe. Tú obtienes de la Palabra de Dios lo que inviertes en ella.

Por ejemplo, probablemente has escuchado predicaciones y cantos acerca de cuidar al "menor de éstos". Tal vez pensaste: *Ese*

es un bonito sentimiento, una buena idea. Realmente deberíamos
cuidar por otras personas menos afortunadas que nosotros. Mmm,
¿me pregunto qué hay para ver en la televisión en este momento?

Cuando este tipo de cosas suceden, tienes que disciplinar tu
mente. Tienes que meditar en la Palabra de Dios, no sólo dejarla
vagar por tu mente, como el humo.

De acuerdo al diccionario Webster, confiable y antiguo, la palabra *meditar* significa reflexionar en algo, considerarlo, contem-
plarlo o proponer en tu mente hacer algo. En pocas palabras,
si quieres seguir la Palabra de Dios en tu vida, debes dedicar
tiempo a pensar acerca del mensaje de Dios hacia su pueblo.
Tienes que practicar el pensar sobre la Palabra de Dios, así como
practicarías un deporte, como ensayarías para un concierto musi-
cal o un discurso.

El libro de Josué urge a la gente para que medite en la ley de
Dios día y noche (ver 1:8). Esto es porque esta disciplina es tan
importante que no debe ser abandonada en una esquinita en tu
día atareado.

Toma algunos momentos ahora para calcular cuánto tiempo
de tu vida pasas contemplando la Palabra de Dios y pensando
en cómo la puedes aplicar a tu vida cotidiana. Si eres como la
mayoría de las personas, tu tiempo para meditar es pequeñísimo
en comparación con el tiempo que pasas viendo la televisión,
hablando por celular y navegando en la red.

Aquí te tengo otra pregunta: ¿Estás teniendo problemas en
algún área de tu vida? Si la respuesta es sí, una respuesta honesta
a la pregunta "cuánto tiempo de meditación" tal vez muestre la
razón del por qué. Yo sé esto por mi experiencia personal, ya que
la mayor parte de mi vida no pensé acerca de lo que estaba pensando. Fui a la iglesia por muchos años, pero nunca pensé realmente acerca de lo que había escuchado. Todas las predicaciones,
los cantos y los testimonios personales volaron por mi mente,
pero nunca me aterrizaron ni me dejaron una impresión.

También leía la Biblia, todos los días. Pero nunca pensé acerca de lo que estaba leyendo. Simplemente era una rutina absurda; no le estaba *prestando atención* a la Palabra. No le estaba dedicando el pensamiento y el estudio a lo que estaba escuchando, y no lo estaba poniendo en práctica.

En lugar de eso, simplemente pensaba sobre cualquier cosa que me entraba a la mente en cualquier momento. Esto es lo que da miedo: En aquel tiempo, no sabía que Satanás podía inyectar ciertos pensamientos a mi mente, como si fuera una droga. Como resultado, mi mente estaba llena de mentiras satánicas, junto con un montón de tonterías, cosas que no necesariamente eran malvadas, pero no valía la pena pasar tiempo pensando en ellas. Estas cosas mantenían ocupada mi mente, pero de una manera no productiva. Así que, aunque yo era cristiana, el diablo estaba controlando mi vida, porque estaba controlando mis pensamientos.

Necesitaba cambiar mi manera de pensar. Tal vez tú también lo necesitas hacer.

El punto decisivo para mí fue cuando Dios me dio el mensaje el cuál es el título de este capítulo: Piensa acerca de los que estás pensando.

Una mente completamente nueva

No se amolden al mundo actual, sino sean transformados mediante la renovación de su mente. Así podrán comprobar cuál es la voluntad de Dios, buena, agradable y perfecta.
— Romanos 12:2

Pablo nos asegura en este pasaje que si hemos renovado nuestras mentes, podemos seguir la voluntad de Dios, buena y perfecta para nuestras vidas. ¿Cómo hacemos esto? Le pedimos a Dios que nos ayude a seguir su manera de pensar. Meditamos y nos concentramos todo el tiempo en la Palabra de Dios la cual transforma vidas. El meditar en la Palabra de Dios tiene que volverse tan indispensable para nuestras mentes como lo es el comer para nuestro cuerpo y el respirar para nuestros pulmones.

Conforme seamos renovados a la manera de pensar de Dios, seremos transformados en quienes Dios tiene proyectado que seamos.

Sin embargo, déjame aclarar en este momento que tener pensamientos correctos no tiene nada que ver con la salvación. Así es. La salvación solamente se basa en la muerte de Jesús en la cruz por ti y su resurrección triunfante del sepulcro. Confía en Jesús; Él rescata tu alma. Vas al cielo porque lo aceptas a Él a través de la fe.

Por extraño que parezca, habrá personas en el cielo que no vivieron vidas ganadoras o eficaces aquí en la tierra, habrá personas que se desviaron del plan de Dios para ellas. ¿Por qué? Porque nunca renovaron sus mentes de acuerdo a la Palabra de Dios. Sus corazones le pertenecían a Jesús; pero alguien más encarceló sus mentes.

Por muchos años, yo fui una de esas personas. Verdaderamente volví a nacer y no tenía ninguna duda de que iría al cielo. Pero en realidad no tenía ninguna sensación de victoria en mi vida, porque mi mente estaba continuamente ocupada con el tipo de pensamientos equivocados.

¿Entonces, cuál es el tipo de pensamientos *correctos*?

Algo en qué pensar...

Por último, hermanos, consideren bien todo lo verdadero, todo lo respetable,
todo lo justo, todo lo puro, todo lo amable, todo lo digno de admiración,
en fin, todo lo que sea excelente o merezca elogio.
— *Filipenses 4:8*

¿Sabías que la Biblia proporcionó instrucciones detalladas de cómo dirigir nuestros pensamientos? Cuando te estés esforzando para pensar en lo que estás pensando, utiliza Filipenses 4:8 como una lista de cotejo. Si eres como yo, mientras que consideras un pensamiento que entre a tu mente, tal vez ni llegues a pasar de las primeras dos cualidades.

Por ejemplo, supongamos que estás considerando probar la marihuana por primera vez o tomar tu primer trago de una bebida alcohólica. Deberías preguntarte a ti mismo: *Si hago esto, ¿estoy siendo verdadero conmigo mismo, verdadero a quién debo de ser como persona?* Y ahí mismo tienes tu respuesta.

Pero supongamos que interpretas el criterio "verdadero" de otra manera. Podrías razonar que es *verdad* que muchos de tus amigos o compañeros de la escuela están ingiriendo estas sustancias. Está bien, aún si te permites esa, continúa al siguiente paso. ¿Es *respetable* tomar un trago de la bebida Jack Daniel? (Una versión de la Biblia traduce esta palabra como "digno de reverencia".) ¿Puedes ver qué tan eficazmente puede guiar Filipenses 4:8 tu vida de pensamientos y tu comportamiento?

Por favor utiliza este método cuando hagas inventario de tu vida. Pregúntate a ti mismo: *¿Sobre qué he estado pensado esta semana que pasó y con cuáles de esos pensamientos hice frente a la prueba de Filipenses 4:8?*

Si le haces la prueba a tus pensamientos, te encontrarás pasando más tiempo pensando en cosas que te animarán en lugar de las que te desanimarán. Si estás lleno de pensamientos incorrectos, te sentirás muy mal, así como yo me sentía. Y aquí hay algo más que aprendí de mi experiencia personal: Cuando una persona se siente mal, por lo general, hace que muchas otras personas también se sientan mal. Y las personas que haces que se sientan mal son tu familia y tus amigos, incluyendo tu novia o novio; las últimas personas en el mundo que quisieras deprimir.

Cerraré este capítulo revelando una de las tácticas engañosas favoritas de Satanás. Él te quiere engañar para que pienses que la fuente de tu miseria es lo que está sucediendo a tu *alrededor,* fuera de ti; en otras palabras, tus circunstancias y las personas en tu vida.

Aquí está la verdadera situación: Nada ni nadie puede hacerte sentir mal sin tu permiso. Algunas de las personas más felices que conozco luchan económicamente, enfrentan una vida desafiante en el hogar o batallan algún tipo de aflicción física.

Por muchos años, yo culpaba mi tristeza a las cosas que otras personas hacían o no hacían. Culpaba a mi esposo y a mis hijos por mi depresión. Yo pensaba: *Si tan sólo fueran distintos, si tan sólo fueran más atentos a mis necesidades y me ayudaran con la casa más seguido, yo sería feliz.*

Finalmente, con agradecimiento, enfrenté la verdad: Nada de lo que hacía o no hacía mi familia podía deprimirme si yo elegía tener la actitud correcta. Mis pensamientos eran los que me estaban haciendo infeliz, no era mi esposo ni mis hijos.

Déjame decirlo una vez más: Piensa acerca de lo que estás pensando. Si lo haces, es muy probable que descubras las fuentes de muchos de tus problemas. Y una vez que haces eso, muy pronto estarás en camino hacia la libertad y la paz mental.

Lista de cotejo para revisar tus pensamientos de acuerdo a Filipenses 4:8

¿Estás confundido con respecto a lo que debes pensar? A continuación, pon tus pensamientos a prueba:
Son tus pensamientos...

1. Verdaderos
2. Respetables
3. Justos
4. Puros
5. Amables
6. Dignos de admiración
7. Excelentes
8. Merecen elogio

SEGUNDA PARTE

¿Cómo está tu cabeza?

INTRODUCCIÓN

...Nosotros por nuestra parte, tenemos la mente de Cristo.
— 1 Corintios 2:16 NVI

Te tengo una pregunta: ¿En dónde está tu mente en este momento? ¿Estabas en otro "espacio cerebral" la semana pasada? ¿El año pasado?

Si eres como la mayoría de las personas, tus condiciones mentales cambian drásticamente. Pueden ser tan impredecibles como el clima. Un día puedes estar calmado y tranquilo. Una semana después, estás agobiado, ansioso y preocupado por casi todo.

O, ¿alguna vez has tomado una decisión, como apuntarte para una clase en la escuela o terminar con alguien en una relación romántica y luego, dudar de esa decisión hasta que casi te da un ataque de pánico?

Pero más importante, ¿te has sentido muy bien con respecto a tu vida espiritual por un tiempo y después te viste tropezando? ¿No has podido encontrar la motivación para abrir tu Biblia? ¿Estás dando excusas para no asistir a la iglesia o al grupo de jóvenes? ¿No oras al menos que tengas un tipo de emergencia de la cual quieres que Dios te rescate?

Yo también he estado en ese lugar. Al parecer, en ciertas etapas de mi vida, yo podía creer en Dios y confiar en su Palabra casi como si fuera mi segunda naturaleza. Pero en otros momentos, la duda y la incredulidad me atormentaban sin piedad. Así que, comencé a preguntarme a mí misma: *¿Qué me pasa? ¿Es normal mi mente? De cualquier modo, ¿qué es exactamente lo normal?*

Yo tenía una mente crítica y que juzgaba, algo que se debe considerar como anormal para un creyente. Pero ya que mi mente ha estado así la mayor parte de mi vida, supuse que era normal, aunque a veces dudaba. Después de todo, era a lo que estaba acostumbrada. Además, hasta donde yo sabía, no había nada que pudiera hacer cambiar mis pensamientos.

Quiero señalar que ya en esa etapa de mi vida, yo había sido creyente por muchos años, pero nadie me había enseñado acerca de mi vida de pensamientos o me había dado normas de cómo debe funcionar mi mente como hija de Dios.

Recuerda, nuestras mentes no nacen de nuevo cuando nos hacemos cristianos. Nuestras mentes tienen que ser renovadas, y esta renovación es un proceso que requiere de tiempo. Así que, no estés desanimado o abrumado, cuando leas la siguiente parte de este libro. Puede que descubras que tu mente no está en la condición correcta. Eso está bien. Reconocer el problema es el primer paso para llegar a donde necesitas estar.

Imagina a un atleta que piensa que tiene buena condición física. Hizo un poco de ejercicio durante el verano y parece tener buena condición en comparación con sus amigos. Pero llega el primer día de entrenamiento para el equipo de fútbol americano y descubre que el tiempo que le toma correr la distancia de 40 yardas es muy bajo. Al inicio, ni puede creer lo que dice el cronómetro.

Y después sigue el cuarto de pesas, donde descubre que no puede levantar ni una sola vez su propio peso corporal. La noticia le dio en qué pensar, pero si este muchacho quiere convertirse en un jugador de fútbol americano, ahora tiene información de su condición física, para llegar a donde necesita estar. Se le ha alterado su mundo un poco, pero la buena noticia es que ahora

sabe algo que antes no sabía. Ahora puede
no con ideas fantasiosas acerca de él mism

En mi caso, se me alteró mi mundo hac
comencé a tomar en serio mi relación c
me acercaba más a Él, Él me empezó a m
mis problemas estaban arraigados en los pensamientos incorrectos. En resumen, ¡mi mente estaba echa un desastre! Es posible
que nunca ha estado en la condición que debió estar.

Esta comprensión fue abrumadora. Comencé a ver que era
adicta a los pensamientos incorrectos. Intentaba sacar los malos
pensamientos cuando entraban a mi mente, pero así como el
bumerán, regresaban al lugar donde estaban originalmente. Si alguna vez has tenido un amigo que ha tratado de dejar de fumar,
pero seguía sufriendo recaídas y dejándose llevar por la tentación
y la rutina de antes, entonces entiendes la situación.

Simplemente es muy difícil vencer los pensamientos incorrectos, porque Satanás peleará *agresivamente* contra ti durante
el proceso de renovar tu mente. Así que, tienes que orar y estudiar la Biblia. Tienes que agarrarte bien de las promesas de Dios.
Tienes que seguir adelante. Si haces esto, poco a poco, podrás
recuperar tu mente. No estarás divagando mentalmente tanto
y te concentrarás más. Estarás menos alterado y confundido y
más seguro de la dirección en que va tu vida. No tendrás tanto
miedo, porque te darás cuenta de que, como hijo de Dios, tienes
el privilegio de arrojar *todas* tus cargas sobre Él.

Entonces, procede con mucha oración a la siguiente parte de
El campo de batalla de la mente. Yo confío en que te va a abrir
los ojos a las mentalidades anormales y pintará una imagen de
un seguidor de Jesús con una mentalidad correcta, que tiene la
determinación de andar en victoria.

¿Mi mente es normal,
o qué?

El Centro para el Control y la Prevención de Enfermedades (CDC por su siglas en inglés) calcula que casi dos
tercios de los adultos americanos tienen sobrepeso, 31%
tienen tanto sobrepeso que son obesos. Así que, si caminas por
el centro comercial en tu ciudad, puede ser que des por hecho
que el sobrepeso es normal. No lo es. Claro, la persona promedio en estos tiempos puede tener sobrepeso, pero eso no es lo
normal.

La distinción entre promedio y normal se vuelve aún más
importante cuando hablamos acerca de la mente. No puedes
simplemente mirar a la gente a tu alrededor y compararte con

ellas cuando te preguntas: *¿En qué condición debe estar mi mente?* Tienes que profundizar más.

Cuando nos hacemos cristianos, el Espíritu Santo de Dios habita dentro de nosotros. Ahora, el Espíritu conoce la mente de Dios, y uno de sus propósitos es revelarnos la sabiduría y los consejos de Dios.

Pero tenemos un reto mientras procesamos la dirección del Espíritu Santo y las revelaciones que nos hace. Como humanos, nosotros somos una combinación de lo natural y lo espiritual. El cerebro natural funciona a través de leyes naturales, el disparo de neuronas, la liberación de serotonina, etc. Las funciones naturales del cerebro nos ayudan a procesar información, resolver problemas, y mucho, mucho más. Pero a pesar de todas sus maravillas, nuestro asombroso cerebro no entiende las cosas espirituales (ver 1 Corintios 2:14).

Para poder captar las cosas espirituales, la mente necesita estar bien informada por el Espíritu Santo. El problema es que nuestras mentes comúnmente transmiten al Espíritu una señal de "ocupado" cuando está tratando de informarnos. La preocupación, la ansiedad, el temor y cosas parecidas son la causa por la cual tenemos la señal de ocupado. Cuando nuestras mentes están ocupadas con cosas como éstas, no pueden estar atentas al Espíritu de Dios.

En resumen, tu mente es normal cuando está en paz. No en blanco, como una pantalla de una computadora cuando recién se prende, sino en paz, tranquila, atenta a la dirección de Dios y a su inspiración.

Piensa en eso por un minuto: ¿Está tu mente, generalmente, *normal* y tranquila? o ¿está sobrecargada, bombardeada con información, estrés, exigencias, fechas límites y horarios? Como leerás en otras partes de este libro, el 99% de los jóvenes como tú, se sienten estresados por lo menos una parte del tiempo. Así que si te sientes abrumado, no estás sólo.

¿Cuándo fue la última vez que permitiste que tu mente se

relajara? ¿Permites que atienda tu lado espiritual, en lugar de tu lado natural que siempre se está imponiendo?

El Espíritu Santo está listo para enriquecerte con sabiduría e inspiración divina, pero si tu mente está demasiada ocupada con otras cosas, te lo vas a perder.

¿Estás demasiado estresado por el éxito?

El 99% de los jóvenes se sienten estresados por lo menos una parte del tiempo, y el 67% tienen un sentimiento de estrés sin saber de dónde proviene.

Tomados de una encuesta nacional, aquí están los cinco factores principales que causan el estrés. ¿Con cuántos de estos te puedes identificar?

1. Sentirse abrumado por la tarea de la escuela
2. No tener suficiente dinero
3. Querer salir bien en los exámenes de admisión de las universidades
4. Lidiar con varias prioridades
5. Sentirse gordo o poco atractivo físicamente[1].

Dios grande, voz pequeña

El SEÑOR le ordenó [a Elías]: "Sal y preséntate ante mí en la montaña, porque estoy a punto de pasar por allí. Como heraldo del Señor vino un viento recio, tan violento que partió las montañas e hizo añicos las rocas, pero el SEÑOR tampoco estaba en el terremoto. Tras el terremoto vino un fuego, pero el SEÑOR tampoco estaba en el fuego. Y después del fuego vino un suave murmullo.

— 1 Reyes 19:11-12

¿Has experimentado algo como lo que Elías experimentó en este pasaje? ¿Le has pedido a Dios sabiduría, pero te contestó de una manera que no esperabas?

Por muchos años, yo oré para que Dios me diera revelaciones divinas a través de su Espíritu viviendo dentro de mí. Sabía que mis peticiones estaban alineadas con la Biblia. Estaba segura que debía estar pidiéndole a Dios que me revelara cosas, y yo me sentía segura de recibir una respuesta.

Pero en lugar de eso, gran parte del tiempo me sentía como una tonta, espiritualmente hablando. Luego, por fin, aprendí que no estaba captando mucho de lo que el Espíritu me estaba mandando porque mi mente estaba tan desesperada y ocupada que no estaba escuchando las ideas que me estaba ofreciendo.

Imagina que estás con tu amigo en un concierto muy ruidoso. Justo a la mitad de un solo de batería, le dices algo en voz baja. No solamente va a pasar desapercibido lo que dijiste, sino que, al menos que tu amigo te vea, puede que ni se de cuenta de que estés diciéndole algo.

Así es como funciona la comunicación del Espíritu de Dios con nuestros corazones y nuestras mentes. Las maneras del Espíritu son tiernas. La mayoría del tiempo, Él nos habla de la misma forma que en el caso de Elías, en un suave murmullo. Es por eso que es vital mantener nuestras mentes sintonizadas en la frecuencia de Dios.

Existe un gran canto que empieza diciendo: "Desperté esta mañana con mi mente puesta en Jesús". Ese es un buen consejo.

Isaías 26:3 promete: "Al de carácter firme lo guardarás en perfecta paz, porque en ti confía" (NVI).

Comprométete a guardar tu mente en paz. Satanás va tratar de sobrecargar tus circuitos y hacer trabajar más a tu mente llenándola con pensamientos malvados, destructivos y pensamientos simplemente sin propósito. Debes mantener esos circuitos abiertos y disponibles al Espíritu de Dios. Mantén tu mente "puesta en Jesús". Una mente puesta en Él es una mente tranquila y en paz.

Uy, ¿*ahora* a dónde se me ha escapado la mente?

En el capítulo anterior, aprendimos que una mente "demasiada ocupada" no es normal. Pero una anormalidad mental tiene más de una cara. En este capítulo, conocerás dos más.

¿Cuántas veces te ha sucedido esto? Estás sentado en una clase en la escuela y, por un tiempo, estás sintonizando todo lo que está diciendo el maestro. Luego, por alguna razón, tu mente decide irse a un viaje pequeño. Tal vez se va a la casa de tu amigo, al centro comercial o atraviesa el país para ver a un primo.

Después de un tiempo, la clase comienza a llegar otra vez a tu mente, pero miras tu reloj y te das cuenta que, mentalmente hablando, estabas en otro lugar por los últimos doce minutos.

Esto me ha sucedido a mí también, incluso en la iglesia. Es algo común para todos nosotros, es algo promedio, pero no es normal.

Muchas personas pasan años permitiendo que sus mentes estén divagando. Eso es porque nunca han aplicado los principios de la disciplina a sus vidas de pensamientos. Ellos nunca permitirían que un niño, un hermano menor o incluso una mascota divague en "quién sabe donde", pero permiten que esto suceda con sus pensamientos a cada rato. Después de un tiempo, casi se convierte en un hábito.

Con mucha frecuencia, las personas que no logran concentrarse piensan que tienen una deficiencia mental. Pero lo más probable es que debamos culpar solamente a la falta de disciplina. Después de años de permitir que nuestra mente ande con la rienda suelta, haciendo lo que quiere, es difícil atarla de nuevo.

El privarte de una alimentación apropiada también puede debilitar tu concentración. En particular, la vitamina B aumenta la habilidad de poder concentrarte. Entonces, si eres acosado con la incapacidad de poder enfocarte, tal vez valga la pena hacer un viaje para ir a ver al doctor o a un nutriólogo.

Otro factor grande que es asociado con la falta de concentración es el cansancio. ¿Alguna vez has perdido la noción del tiempo mientras juegas o mientras estás mandando mensajes de texto o charlando en línea tarde por la noche entre semana y descubres al día siguiente que es casi imposible poner atención en la escuela?

He descubierto que cuando estoy extremadamente cansada, Satanás intenta atacar mi mente, porque él sabe que es más difícil para mí resistirlo cuando estoy cansada.

Tu mente puede divagar también cuando estás leyendo. Yo puedo leer un capítulo en la Biblia, llegar al final y darme cuenta de que no recuerdo ni un poco de lo que acabo de leer. Me regreso al capítulo y lo leo otra vez y todo me parece nuevo. Esto es porque aunque mis ojos estaban viendo las palabras en las páginas, mi mente se había ido a otro lado. No estaba alerta y disponible para poder procesar lo que estaba leyendo. Eso es porque fallé en enfocarme, fallé en comprender.

En el libro de Eclesiastés, Salomón, el hombre sabio, le aconseja a la gente a que se "[acerque] más para oír que para dar el sacrificio de los necios" (5:1 RV). Piensa acerca de ese consejo. Significa comprometer tu mente a las palabras que están en la página, las palabras en el canto, las palabras en la predicación. Esto es lo que quiere decir la conferencista cuando dice: "*Préstame* toda tu atención".

Este asunto de prestar toda mi atención no me ha sido fácil. Antes tenía una mente que divagaba y tuve que entrenarla a través de la disciplina. El entrenamiento no fue fácil, y confieso que aún sufro recaídas. Para poder definir la palabra *divagar* el diccionario utiliza palabras como, "andar sin rumbo" y "deambular". Puedo estar escribiendo un libro y darme cuenta de repente que estoy pensando en algo que no tiene nada que ver con el libro o su título.

Definitivamente no he llegado a un punto de concentración perfecto, pero por lo menos, ahora entiendo qué tan importante es cuidar que mi mente no deambule a donde le plazca, cuando quiera. Y estoy consciente de mi tendencia, así que la vigilo más.

Simplemente el hecho de estar consciente de algo puede hacer una gran diferencia. Cuando conversaba con mi esposo Dave, solía prestar atención por un tiempo, después me tomaba unas pequeñas vacaciones mentales y me perdía frases completas de lo que él estaba diciendo. Hubo un tiempo cuando trataba de disimular mi falta de atención, al inclinar la cabeza en afirmación y fingir que había captado cada palabra. Esto era una falta de respeto al mismo tiempo que estaba siendo deshonesta.

Ahora, cuando esto sucede, y admito que aún sucede de vez en cuando, detengo a Dave y le digo: "¿Puedes repetir lo que acabas de decir? Lo siento, pero mi mente acaba de divagar y no escuché lo que dijiste".

Puede ser vergonzoso admitir que fuiste medio despistado, pero a fin de cuentas es mucho más respetuoso hacia la persona hacer esto, en lugar de fingir que estamos escuchando. Y, no te perderás de alguna información clave o sufrir una vergüenza más severa cuando te pregunten algo como: "¿Estás de acuerdo con lo que acabo de decir?" o "¿Cómo te suena ese plan?".

El ser honesto así le demuestra a la gente que reconoces que tienes un mal hábito y que estás enfrentándolo y trabajando en él. ¡El enfrentar los problemas es la única manera de poderlos derrotar! Otra manera de batallar con una mente divagadora es buscar formas de reforzar los mensajes que Dios está tratando de comunicarte. Por ejemplo, muchas iglesias ponen a disposición discos compactos o casetes de predicaciones. El escucharlos cuando vas camino a la escuela o al trabajo o mientras estás haciendo tus mandados, es una muy buena manera de enfatizar los puntos claves o captar algo que tal vez te perdiste en la iglesia. Algunas iglesias proporcionan predicaciones recientes en audio a través de sus sitios en la Internet.

Si estás estudiando un libro de la Biblia, intenta leer los pasajes en unas cuantas versiones diferentes de la Biblia. Yo he utilizado esta técnica en este libro. Hay veces que las diferentes formas de expresar un concepto amplían y profundizan nuestra comprensión del pasaje.

La música es otra muy buena manera para evitar una mente divagadora. El ritmo y las rimas de un canto te pueden ayudar a recordar un versículo de la Biblia o una verdad bíblica que sea clave.

Una mente contemplativa

Antes de concluir este capítulo, es hora de conocer al primo de una mente divagadora que se llama una mente contemplativa. Debo señalar que no estoy hablando de contemplar las maravillas impresionantes de Dios y su creación. Este es otro tipo de contemplación…

"Me pregunto qué tipo de calificaciones voy a sacar este semestre."

"Me pregunto si algún día obtendré un buen trabajo."

"Me pregunto hasta qué edad llegaré a vivir."

"Me pregunto cuántos años tendré cuando me salgan canas o cuándo se me caerá el cabello."

¿Alguna vez has tenido pensamientos así? Para mí, mis "contemplaciones" son cosas como: "Me pregunto cómo mi hijo está lidiando con la presión en su trabajo" o "Me pregunto cuántas personas vendrán al seminario que estoy enseñando", y "Me pregunto qué ropa me pondré."

Este tipo de contemplaciones reflejan el tipo que se define como "un sentimiento de perplejidad o de duda".

Si tu mente está en un estado constante de este tipo de contemplación, eso no es normal. Es simplemente un desperdicio de tiempo y causa que sientas preocupaciones que no son necesarias. He descubierto que me beneficio mucho más cuando hago algo positivo, en lugar de sólo *contemplar* las cosas todo el tiempo.

Por ejemplo, en lugar de contemplar cómo está mi hijo, puedo orar por él, animarlo y ayudarlo si es que lo necesita. Y en lugar de preocuparme por la asistencia a mi seminario, me puedo preparar muy bien, comprometerme a hacer lo mejor posible y luego dejar la situación en las manos del Señor y confiar en que Él hará que todas las cosas sean para bien, no importando quién o cuántos asistan.

La "perplejidad" de la contemplación engendra indecisión y la indecisión causa confusión. Y este estado mental impide que nosotros recibamos por fe, respuestas y dirección de Dios para nuestras vidas. Observa que en Marcos 11:23-24 Jesús no dice: "Cualquier cosa que pidas en oración, contempla si lo recibirás." En lugar de eso, Él dice: "*Crean* que ya han recibido todo lo que estén pidiendo en oración, y lo obtendrán."

Como cristianos, a veces somos llamados creyentes, no divagadores contemplativos. Esto es porque se supone que debemos creer, ¡no dudar!

TERCERA PARTE

Seis estados en los que *no* quieres vivir

INTRODUCCIÓN

Piensa por un momento acerca del estado geográfico donde vives. ¿Qué es lo que te encanta de tu estado? ¿El clima? ¿Las playas? ¿Las montañas? ¿La comida? ¿Las personas? ¿Las posibilidades de recreación? Ahora, ¿qué es lo que no te gusta? ¿La contaminación? ¿El crimen? ¿El tráfico? ¿Hay algún otro lugar donde quisieras vivir? Pues, sin importar cómo te sientes acerca del estado geográfico donde resides, es mejor en comparación con otros estados, los estados mentales, de los cuales hablaremos en esta sección.

¿Qué tan bien conoces tu estado?

Esta sección del libro se trata de los estados mentales, pero no dejemos fuera a los estados geográficos. Echa un vistazo a las siguientes dos listas compuestas por diez estados. Estos estados son líderes naturales en dos categorías importantes. ¿Puedes adivinar cuáles son estas categorías?

Primera lista

1. Rhode Island
2. Dakota del Norte
3. Wisconsin
4. Dakota del Sur
5. Montana

6. Minnesota
7. Nebraska
8. Wyoming
9. Vermont
10. New Hampshire

(Respuesta: Estos son los primeros diez estados en donde más jóvenes entre 18 y 25 años de edad se intoxican con alcohol, ¡basado en informes propios de los últimos 30 días![1])

Segunda lista

1. Rhode Island
2. Colorado
3. New Hampshire
4. Nuevo México
5. Vermont
6. Arizona
7. Alaska
8. Maine
9. Massachussets
10. Wyoming

(Respuesta: Estos son los diez primeros estados donde hay más uso de cocaína en el último año entre jóvenes de 18 y 25 años de edad.[2])

El estado de confusión

*Si a alguno de ustedes le falta sabiduría pídasela a Dios,
y él se la dará, pues Dios da a todos generosamente sin
menospreciar a nadie. Pero que pida con fe, sin dudar, porque
quien duda es como las olas del mar, agitadas y llevadas de un lado
a otro por el viento. Quien es así no piense que va a recibir cosa
alguna del Señor; es indeciso e inconstante en todo lo que hace.*

— Santiago 1:5-8

¿Sabías que Dios está ansioso por darte sabiduría y que lo único que tienes que hacer es pedírselo? Parece un trato muy sencillo: Primero, necesitas sabiduría y consejos acerca de la vida; segundo, le pides ayuda a Dios; y tercero, Dios te da lo que necesitas.

Pero mucha gente convierte este proceso sencillo de tres pasos en algo innecesariamente complicado e inefectivo.

Algunos de ellos le piden a Dios sabiduría, pero mientras tanto, ya están ocupados tratando de averiguar las cosas por su propia cuenta. Otros oran para volverse más sabios, pero sus oraciones son poco entusiastas y de doble mentalidad, algo parecido a: "Dios, en verdad necesito tu sabiduría que me ayude a tomar buenas decisiones con respecto a mis amistades. Pero por otro lado, de seguro tienes oraciones más importantes que la mía por contestar. ¿Quién sabe si tan siquiera me estás escuchando en este momento? Además, no me puedo imaginar nunca con sabiduría. Yo no soy así. Siempre me equivoco, siempre hago malas elecciones. Ni siquiera sé por qué me estoy molestando en orar."

¿Te suena familiar este tipo de oración? ¿Alguna vez has comenzado una oración sinceramente buscando el consejo de Dios y después, poco a poco, observaste cómo tu oración se convirtió en una lista débil de dudas e inseguridades?

Lee de nuevo el final del pasaje de la escritura al inicio de este capítulo. La versión *Amplified Bible* en inglés traduce "indeciso" como "un hombre con dos mentes". Suena como una película de terror, ¿no?: "El hombre con dos mentes". Y efectivamente, es terrible vivir con una mente que quiere ir en dos direcciones opuestas al mismo tiempo.

Yo conozco el terror. Viví mucha de mi vida como "La Meyer con dos mentes". No me di cuenta que el diablo había declarado una guerra contra mí; y mi mente era el campo de batalla. Estaba totalmente confundida con respecto a todo y no sabía por qué.

Una propuesta razonable

Algo que se añadió a mi confusión fue el razonar de más. Sí, leíste correctamente. Por supuesto, el razonamiento comúnmente es algo bueno, pero no siempre. Puede que seas escéptico a esta postura, pero continúa escuchándome un poco más. Tengo buenas razones para prevenirte de la sobre dependencia del razonamiento, y pienso que coincidirás que son razonables.

El razonamiento ocurre cuando una persona comienza a hacer preguntas del "por qué" de algo. Ahora, esto es algo bueno cuando son preguntas como: "¿Por qué se acaba de encender la alarma de humo en mi casa?" o "¿Por qué tiene un ruido extraño el motor de mi automóvil?"

Sin embargo, en otras situaciones, Satanás puede usar tu propio poder de razonamiento en tu contra. Puede que el Señor te esté guiando, inspirándote para que hagas algo, pero como no tiene sentido ni lógica, puede que ignores su insistencia. La Biblia nos advierte que cuando no estamos abiertos al Espíritu Santo, las cosas de Dios nos parecen locura (1 Corintios 2:14).

Aquí tenemos un ejemplo que tal vez te ayude a entender este principio. Si eres como la mayoría de los jóvenes, has visto al menos un poco de la película *The Karate Kid*. ¿Recuerdas cuando el señor Miyagi recién comienza a enseñarle a su joven pupilo, Daniel, acerca de las artes marciales? No lo llevó a una escuela de karate para enseñarle los golpes y las patadas. En lugar de eso, hizo que pintara una cerca, que lijara un piso y que puliera un automóvil.

Comprensiblemente, Daniel estaba furioso. Él *razonó*: "Esto no tiene nada de lógica. Yo quiero aprender karate, no hacer un montón de labores. Tal vez este viejo amigo, Miyagi, sólo me está utilizando para que le haga todas sus labores."

La realidad era que Miyagi había escogido estas labores para Daniel porque eran exactamente lo que necesitaba para crear fuerza, forma y disciplina para poder ser un luchador campeón. Pero si Daniel hubiera confiado en sus poderes de razonamiento, en lugar de su maestro, nunca se hubiera convertido en el hábil niño karateca que siempre quiso ser.

O, tal vez has escuchado la historia del niño pequeño atrapado cerca de una ventana en el segundo piso de una casa que se incendiaba. Su padre se paró debajo de la ventana, rogándole a su hijo que saltara. Pero como el niño no podía ver a su padre debido a todo el humo, no quería saltar. No era razonable que él brincara hacia alguien que ni siquiera podía ver. El niño no pudo saltar para salvarse hasta que confió en su padre más que en su propio juicio.

El aprender cómo equilibrar el razonamiento de la mente con la obediencia al Espíritu puede impactar tu vida de manera grande y pequeña.

Por ejemplo, cuando me estaba vistiendo una mañana para ministrar en una reunión semanal, comencé a pensar acerca de una mujer que estaba a cargo del ministerio de ayudas que estaba conectado a las reuniones. Siempre había sido tan fiel a sus deberes y sentí nacer un deseo en mi corazón; quería hacer algo que la bendijera.

Oré: "Padre, Ruth Ann ha sido una gran bendición para todos nosotros a través de los años. ¿Qué puedo hacer para bendecirla?"

De inmediato, mi vista cayó sobre un vestido rojo nuevo colgando en mi armario, y sentí en mi corazón que el Señor me estaba incitando para que le diera ese vestido a Ruth Ann.

Déjame explicarte un par de cosas acerca del vestido: Primero, había comprado el vestido hace tres meses pero nunca lo usé. Aún estaba colgando dentro de la bolsa de plástico. Segundo, de verdad me gustaba el vestido, pero cada vez que pensé en usarlo, finalmente decidía usar otro atuendo.

Debió haber sido muy fácil darle este vestido a Ruth Ann ¿verdad?

Pues no fue así. Mis pensamientos de doble mentalidad quitaron mi idea inspirada por Dios. En lugar de simplemente bendecir a Ruth Ann con un regalo que Dios había puesto convenientemente justo en frente de mi cara, comencé a razonar...

Ni siquiera he tenido la oportunidad ni una sola vez de usar el vestido, y me gusta mucho.

El vestido me costó muy caro. ¿No debería sacarle provecho a mi inversión antes de regalarlo así nada más?

Compré aretes de colores rojo y plateado sólo para que hicieran juego con este vestido.

Terminé por convencerme de no hacerle caso a mi razonamiento de hacer algo amable a una persona que lo merecía. Ocupó muy poco de mi tiempo, y dentro de pocos minutos, olvidé por completo la situación y continué con mi vida.

Semanas después, me estaba alistando para otra reunión que se iba a llevar acabo en el mismo lugar que la anterior. Nuevamente, el nombre de Ruth Ann estaba grabado en mi corazón. Empecé a hacer casi la misma oración que antes, pidiéndole a Dios que bendijera a Ruth Ann. Terminé la oración y volví a mirar el vestido. Sentí un peso de culpabilidad sobre mí. Recordé el incidente anterior, preocupada por el hecho de que se me había olvidado tan rápidamente.

En esta ocasión no habría forma de razonar una salida para escapar de la situación. Tenía que enfrentar el hecho de que Dios me estaba mostrando lo que debía hacer. Necesitaba hacerlo o simplemente decir francamente: "Entiendo lo que me estás mostrando Señor, pero simplemente no lo voy a hacer". Yo amo al Señor demasiado como para desobedecerlo premedita y deliberadamente.

Conforme oraba acerca de la situación, me di cuenta que la Biblia no dice que podemos regalar solamente nuestras cosas viejas e indeseadas. Claro, sería más un sacrificio el regalar un vestido nuevo y caro, pero eso significaría que el regalo sería más una bendición para Ruth Ann. Dios me mostró que en realidad, yo había comprado el vestido para Ruth Ann. Esa era la razón por la cual nunca me pude convencer de usar el vestido. El Señor siempre tuvo la intención de usarme como su agente para mostrarle bondad a Ruth Ann. Pero yo me había aferrado a mis propias ideas, hasta que por fin estuve dispuesta a soltar mis ideas y ser guiada por el Espíritu de Dios.

He descubierto que Dios quiere que le obedezca, no importando si me da la gana o no, o si pienso que sea buena idea o no. Cuando Dios habla, Él quiere que me movilice, no que razone.

Por cierto, tal vez te estés preguntando si finalmente le di el vestido a Ruth Ann. Sí lo hice. Y ella ahora trabaja a tiempo completo en nuestra oficina y de vez en cuando usa el vestido cuando va a trabajar. Se ve muy bien con él.

¿En quién te vas a apoyar?

Confía en el Señor de todo corazón, y no en tu propia inteligencia.
— Proverbios 3:5 NVI

Es importante que este versículo de Proverbios mencione el corazón al igual que la mente (inteligencia). La mente y el espíritu pueden trabajar juntos y lo hacen para ayudar a las personas a seguir a Dios. Tú estás utilizando tu mente en este momento y, al mismo tiempo (eso espero), el libro está tocando tu corazón y tu espíritu.

Los problemas suceden cuando las personas elevan su mente más que su espíritu. El espíritu es el más noble de los dos y siempre debe ser honrado más allá que la mente.

Por ejemplo, digamos que estás enfrentando un examen final difícil en una de tus clases. Un compañero tuyo entra ilegalmente al sistema de computadoras de la escuela, encuentra la clave, y se lo manda por correo electrónico a todos los alumnos de tu clase. Tu espíritu te dice que sería malo hacer trampa. En tu espíritu, en lo más profundo de tu ser, sientes un jalón magnético para actuar y hacer lo correcto.

Pero veamos qué sucede si comienzas a dudar y a razonar…

"En realidad no es hacer trampa si todos tienen las respuestas. Hacer trampa es cuando tienes una ventaja injusta sobre los otros alumnos. Ese no es el caso aquí."

"Realmente necesito una buena calificación en el examen de esta clase. Ayudará con mi promedio, el cual me ayudará a obtener una beca, la cual ayudará a que mis papás no gasten tanto económicamente en mi educación."

"El maestro no es bueno. Odio su estilo, hace que me sea muy difícil aprender. Merezco algún tipo de ventaja aquí."

"Si soy el único que no hace trampa, no es justo para mí. ¿Por qué debo ser yo el único que sufre?"

"Soy un estudiante decente. Si no hago trampa, y luego saco la calificación más baja en el salón, el maestro sospechará. Podría meter a todos en problemas. Voy a tener que hacer trampa, porque si no, todo va a explotar."

¿Ves lo que puede suceder si permitimos que el razonamiento nos desvíe de seguir lo que Dios ha grabado en nuestros corazones? ¿Ves el tipo de gimnasia mental que a veces nos permitimos sufrir?

No sé tú, pero yo quiero que Dios me revele cosas de tal forma que sepa en mi espíritu lo que debo hacer. No quiero correr en círculos mentales alrededor de un asunto o problema hasta que quede mareada y agotada. Quiero experimentar la paz mental y la paz del corazón que proviene de confiar en Dios, no en mi propia inteligencia.

Tú y yo necesitamos avanzar en nuestro viaje espiritual hasta llegar al lugar donde estamos satisfechos con conocer a Aquel Que Sabe, aun si nosotros mismos no sabemos.

CAPÍTULO 11

Los estados de la duda y la incredulidad

A simple vista, puede parecer que los "estados" están nombrados redundantemente. ¿No son casi lo mismo la duda y la incredulidad?

Las dos están relacionadas y ambas son lugares peligrosos a donde Satanás le encantaría arrastrarte. Echemos un vistazo a la duda al igual que a la incredulidad, para que sepas exactamente cuál de las dos te está atrayendo o jalando.

El chisme acerca de la duda

El *Diccionario Expositivo del Antiguo y del Nuevo Testamento* de Vine, una muy buena herramienta de referencia, observa que el dudar es "pararse en dos caminos…significando incertidumbre en cuál tomar…dicho de los creyentes de una fe pequeña…ser ansioso, a través de un estado mental distraído de vacilar entre la esperanza y el temor".[1]

Aquí tenemos una historia que hace que tome vida esta definición:

Un hombre enfermo quiso ser sanado. Entonces, oró y citó las escrituras que hablaban acerca de la sanidad. Él confió en que sería sanado. Pero mientras que él confiaba, las dudas invadían su mente. La tensión causó que se desanimara.

Después Dios permitió que tuviera un vistazo del mundo espiritual. Esto fue lo que el hombre vio: Un demonio le estaba aventando mentiras, diciéndole, "No vas a ser sanado; ¡no va a funcionar todo esto que haces de citar versículos bíblicos como si fueran algún tipo de palabras mágicas!"

Pero el hombre también vio que cada vez que proclamaba la Palabra de Dios, una luz salía de su boca, como una espada, y forzaba que el demonio se encogiera y cayera hacia atrás.

Esta visión impresionó profundamente al hombre. Él entendió que era importante seguir hablando la Palabra de Dios, porque estaba haciendo efecto. Y el simple hecho de que estaba dando resultado persuadía al demonio a usar la duda para hacer que el hombre se detuviera. La duda es una herramienta del enemigo, no es algo que proviene de Dios.

La Biblia promete que Dios le da a todos una medida de fe (Romanos 12:3). Él pone la fe en nuestros corazones, y el diablo trata de negar esa fe al atacarnos con la duda. Ese es el por qué es tan importante conocer y entender la Biblia, memorizar versículos claves y buscar pasajes que aumentan nuestra fe. Si nosotros comprendemos la Palabra de Dios, reconoceremos cuando el diablo está intentando sembrar mentiras en nuestras mentes.

Cómo descubrir la incredulidad

Mientras que la duda es creencia teñida con anticipación e incertidumbre, la *incredulidad* es una falta de creencia o de fe. La incredulidad incluso puede incrementar tanto hasta convertirse en un rechazo completo de la fe. La incredulidad es un estado peligroso en el que podemos tropezar, pero puede ser evitado.

¿Recuerdas la historia de Abraham, cómo Dios le prometió a este hombre de 100 años (con una esposa casi de la misma edad) que sería el padre de muchas naciones? Abraham escuchó la promesa de Dios y no debilitó su fe, aun cuando un espíritu de incredulidad lo atacó como un enjambre de abejas.

Conforme Abraham se defendía de la tentación de no creer en la promesa de Dios, la Biblia nos dice que su fe creció más fuerte; sintió que su autoridad aumentaba por lo mismo. Este es el punto clave. Verás, cuando Dios nos dice o nos pide que hagamos algo, también provee la fe y el coraje para que lo llevemos a cabo. Él no te manda a la batalla sin armas ni una defensa, encogiendo los hombros y diciendo: "¡Yo no enfrentaría una batalla estando tan desprevenido como lo estás tú, hombre! Pero, buena suerte. Avísame como resulta todo".

En lugar de eso, Dios nos da la habilidad de creer que podemos hacer lo que se necesita. Y Él nos ayudará a hacernos más fuertes conforme volvamos hacia Él y a su Palabra para obtener sabiduría y poder. Esto hace que Satanás enloquezca. Él sabe qué tan peligroso puede ser una persona con un corazón lleno de fe. Es por eso que hace todo lo posible para debilitar nuestra fe. Es por eso que miente para lograr que dejemos de creer. Y esas mentiras pueden ser irresistibles.

Déjame darte un ejemplo, de aquel tiempo cuando recibí mi llamado de Dios para entrar en el ministerio. Fue una mañana cualquiera para mí, con la excepción de que, tres semanas atrás, había sido llena del Espíritu Santo y tenía un deseo muy grande de aumentar mi fe. Estaba escuchando una cinta de enseñanzas dadas por un ministro llamado Ray Mossholder. El título de la cinta era "Cruzar al otro lado". Mientras escuchaba la cinta, mi corazón se agitó y me asombré de que alguien podía hablar sobre un solo versículo por una hora completa, y que fuera interesante toda la hora.

Luego, mientras hacía mi cama, sentí brotar un deseo intenso y repentino dentro de mí: yo quería enseñar la Palabra de Dios. Después, escuché que el Señor me estaba comunicando algo: "Irás a muchas partes y enseñarás mi Palabra y tendrás un ministerio muy grande de cintas de enseñanza".

Si me hubieras conocido en aquel entonces, hubieras estado de acuerdo conmigo en que no había ninguna razón lógica para creer que este impulso era realmente de Dios o que yo estaría preparada para la tarea. Yo tenía muchos problemas. No aparentaba ser "material para el ministerio". Pero la Biblia dice que podemos tomar lo que la gente piense que es débil e insensato (1 Corintios 1:27) y usarlo para desconcertar hasta los sabios. Y Él se fija en nuestros corazones, no en nuestra apariencia (1 Samuel 16:7).

Entonces, aunque no había nada en la superficie de la Joyce Meyer "natural" que indicara que debiera creer en la visión de Dios para mi vida y el deseo que había sembrado dentro de mí, confié en promesas como las de 1 Corintios y 1 Samuel, y fui llena de fe de que podía hacer lo que el Señor quería que hiciera. Resistí la tentación de no creer en los consejos de Dios. Cuando Dios te llama, te da el deseo, la fe y la habilidad para responder a ese llamado.

Respondí a mi llamado a través de invertir años de estudio y entrenamiento, esperando el momento correcto para comenzar mi ministerio. Y durante este tiempo, el diablo me atacó con frecuencia con la duda y la incertidumbre. La visión de Dios estaba sembrada en mi corazón como una semilla, así como sembrarías una semilla en tu jardín. Mientras que la semilla está germinando y creciendo debajo de la superficie, Satanás trabaja arduamente para que la desentierres. Te dirá que nunca crecerá o que si lo hace, será una planta pequeñita y enfermiza que te avergonzará. Posiblemente la puedas desenterrar o sería mejor que la ignores y no te molestes en nutrirla y en regarla.

Si quieres caminar sobre el agua, ¡sal de la barca!

Si asististe a la escuela dominical cuando eras niño, es probable que recuerdes esta historia: Los discípulos de Jesús están en una barca, muy lejos de la orilla, cuando quedan atrapados en una tormenta violenta. El viento y el mar están aventando a la barca como si fuera una pelotita.

Entonces sucede que, entre 3:00 y 6:00 de la mañana, Jesús se acerca a ellos, caminando sobre el mar. Los discípulos, siendo hombres machos y acostumbrados al mar, empiezan a gritar como una bola de debiluchos. Piensan que Jesús es algún tipo de fantasma del mar, que venía para aterrorizarlos.

Jesús grita por encima de los gritos de los discípulos: "¡Cálmense! Soy yo. No tengan miedo".

Pedro, tal vez el más impulsivo de todos los discípulos, le grita como respuesta: "Señor, si eres tú, mándame para que vaya a ti sobre el agua".

Jesús le da permiso y Pedro rápidamente sale de la barca y, asombrosamente, comienza a caminar sobre el agua hacia Jesús. Pero entonces comienza a sentir un pánico causado por el viento fuerte y el mar agitado. Comienza a hundirse; piensa que se va a ahogar.

Pero Jesús, de repente, dirige su mano hacia Pedro. Lo toma de la mano y lo sostiene fuera del agua. Le dice: "¡Hombre de poca fe! ¿Por qué dudaste?".

Luego Pedro y Jesús se suben a la barca. Mientras hacen eso, el mar se tranquiliza, ¡al igual que los nervios destrozados de Pedro!

Podemos aprender mucho de este incidente. Pedro tuvo que tener fe para salir de esa barca. Observa que ninguno de los otros discípulos quiso probar este nuevo deporte extremo, caminar sobre el agua en la madrugada.

Pero luego Pedro cometió un error. Comenzó a enfocarse en la tormenta a su alrededor en lugar de enfocarse en el Señor que estaba frente a él. La duda y la incertidumbre lo estaban presionando y recibió una paliza como si fuera un surfista principiante intentando surfear en lugares donde sólo pueden hacerlo los expertos.

Cuando una tormenta entra en tu vida, tienes que ser fuerte. Confía en las promesas de Dios y en su amor eterno que tiene para ti. El diablo causa tormentas en tu vida para intimidarte y asustarte. Él quiere que te enfoques en las circunstancias, en los "hechos" y no en la visión de Dios para tu vida, ¡una visión que es más grande que cualquier circunstancia!

Aquí tenemos un ejemplo que ayudará a ilustrar este punto: Un amigo mío estaba confundido cuando se graduó de la universidad bíblica. Dios había puesto un deseo en su corazón para empezar una iglesia en St. Louis, Missouri. Sin embargo, mientras el consideraba su llamamiento, también observó el hecho de que tenía una esposa, un hijo y otro más en camino. Su presupuesto entero para empezar su iglesia era aproximadamente de cincuenta dólares que tenía en su bolsillo.

Al parecer, las circunstancias no lo estaban guiando hacia una iglesia. Mientras tanto, recibió ofertas atractivas de trabajo para unirse al personal de dos ministerios grandes y bien establecidos. Los salarios estaban bien y las oportunidades para el ministerio eran muchas y atractivas. Más allá de esos factores, sabía que sería un honor y que se vería muy bien en su currículum, el formar parte de cualquiera de los dos ministerios.

Mi amigo deliberó acerca de sus tres opciones de trabajo, y entre más lo contempló, más se confundía. Su mente estaba siendo agredida por las dudas. Justo después de graduarse, había sabido en su corazón exactamente lo que debía hacer, pero ahora se encontraba indeciso. Su vida y sus circunstancias económicas no favorecían el seguir su plan original. Las dos ofertas eran tentadoras. ¿Qué era lo correcto que debía hacer?

Decidió pedirle consejo a un pastor de uno de los ministerios. Este hombre sabio le dijo: "Ve a algún lado donde puedas relajarte y tranquilizarte y calma tu mente. Mira dentro de tu corazón; observa lo que hay ahí, ¡y hazlo!"

Siguiendo el consejo del pastor, mi amigo rápidamente sintió que su corazón estaba en St. Louis y con la iglesia que quería empezar allá. No tenía ni idea de cómo construiría una iglesia con tan sólo cincuenta dólares para empezar, pero siguió adelante, obedeciendo el llamado de Dios.

Hoy en día, mi amigo es el fundador y pastor principal de una iglesia grande con un ministerio de alcance mundial. Miles de vidas han sido bendecidas y transformadas a través de esta iglesia. Yo serví como asistente del pastor por cinco años, y mi ministerio Vida en la Palabra nació durante este tiempo que trabajé con mi amigo. Verdaderamente es maravilloso ver lo que sucede cuando seguimos a Dios y protegemos las fronteras de nuestras mentes contra incursiones de la duda y la incertidumbre.

Dios tiene un gran plan para tu vida. No permitas que el diablo la secuestre. No permitas que te robe la paz y el sentido de realización que Dios quiere que disfrutes. Para lograr esta meta, vas a tener que patear unos cuantos traseros. Así es; me escuchaste bien.

Segunda de Corintios 10:4-5 dice así: "Las armas con que luchamos...tienen el poder divino para derribar fortalezas. Destruimos argumentos y toda altivez que se levanta contra el conocimiento de Dios, y llevamos cautivo todo pensamiento para que se someta a Cristo".

Observa las palabras en este pasaje. Se supone que debes derribar los argumentos y las pretensiones del diablo. No se trata de dejar un tabique sobre otro. Y ningún pensamiento arbitrario se te debe escapar en esta batalla. Toma cada uno y conviértelo a la obediencia a Cristo.

Todo esto puede sonar extremo, pero recuerda, esta es una guerra, y no peleas una guerra a medias.

El estado de la
preocupación

Tal vez has aprendido cómo derrotar a los enemigos de la duda y la incertidumbre, los temas del capítulo anterior, pero no significa que se acabó la batalla por tu mente. Satanás tiene otros lugares peligrosos a donde te puede llevar. Este capítulo se enfocará a uno que es sutilmente muy peligroso, la preocupación.

Has escuchado de personas adictas al alcohol, a los cigarrillos, la metanfetamina, las apuestas, la comida, al sexo y muchas otras cosas. ¿Pero sabías que podías ser adicto a la preocupación? Así es; hay personas que son adictas al preocuparse por sus vidas, y cuando no pueden encontrar algo de qué preocuparse, empiezan a preocuparse por sus amigos, sus parientes y sus vecinos. ¿Cómo es que sé esto? Yo misma fui adicta a la preocupación, así que estoy bien capacitada para describir esta condición.

Había una etapa en mi vida donde me preocupaba *constantemente*. Siempre había algo que me inquietaba. Como resultado, nunca disfruté de la paz que Jesús, al morir, quiso que yo tuviera. Es imposible estar preocupado y estar en paz al mismo tiempo. Piensa en esto: La *preocupación* se define como sentir inquietud, ansiedad o angustia. La preocupación también puede significar ser acosado por inquietudes continuas. También he escuchado que la preocupación es descrita como atormentarse a uno mismo con pensamientos inquietantes.

La última definición fue clave para mí. Me ayudó a decidir, a la fuerza, que soy demasiada inteligente para atormentarme a *mí misma*. Yo creo que cada cristiano es demasiado inteligente para caer en esta trampa. Simplemente necesitamos darnos cuenta de que la preocupación nunca hace que mejoren las cosas. Nunca. Entonces, ¿por qué gastar tiempo preocupándonos?

Las propiedades de la preocupación son las que gastan tiempo y agotan la energía; lo que la convierte en un arma satánica muy eficaz. Si el diablo puede mantener tu mente ocupada con las preocupaciones, no estarás utilizando tu mente de manera productiva y de honra para Dios.

Jesús previno contra este tipo de preocupación. En Mateo 6:25-27, Él instruye: "Por eso les digo: No se preocupen por su vida, que comerán o beberán; no por su cuerpo, cómo se vestirán. ¿No tiene la vida más valor que la comida, y el cuerpo más que la ropa? Fíjense en las aves del cielo: no siembran ni cosechan ni almacenan en graneros; sin embargo, el Padre celestial las alimenta. ¿No valen ustedes mucho más que ellas? ¿Quién de ustedes, por mucho que se preocupe, puede añadir una sola hora al curso de su vida?"

Puede que nos haría bien a todos observar las aves de vez en cuando, así como el Señor nos enseñó. Deberíamos observar qué tan bien cuidados están nuestros amigos con plumas. No tienen ni idea de donde va a provenir su siguiente comida o cuando la recibirán. Y aún nunca he visto un cardinal de St. Louis (el pájaro, no el jugador de béisbol) sentado en una rama de un árbol teniendo un ataque nervioso debido a la preocupación.

Yo sé que algunos jóvenes batallan con baja autoestima, pero seguramente crees que tú tienes más valor que un pájaro, ¿cierto? Y mira qué tan bien cuida Dios de ellos. Es más, nuestro Padre celestial se deleita, así es, se deleita en dar a sus hijos cosas buenas. Pero no las podremos recibir y disfrutar de ellas si estamos ocupados preocupándonos. Si nos enfocamos en preocuparnos acerca del mañana, no podemos vivir y celebrar el hoy.

El autor Max Lucado tituló unos de sus libros *Gracia para todo momento*. Es un buen título, porque así es como funciona la gracia de Dios en nuestras vidas. La gracia de Dios siempre está a la mano para ayudarnos a lidiar con lo que sea que estemos lidiando *ahora*, en este momento. Su gracia para mañana llegará mañana, cuando la necesitemos. Ya vimos que es malo estar en un estado de preocupación, pero ¿qué de nuestras armas en contra del ataque para poderla evitar? Aquí hay unas muy buenas:

1. <u>Hablar la Palabra</u>. Yo recomiendo sumamente pronunciar la Palabra de Dios en voz alta cuando la preocupación invade tu territorio. Tal vez sientas que este no es tu estilo espiritual personal o tal vez te sientas raro citando o leyendo un pasaje de la Escritura en voz alta. Pero inténtalo. Después de todo, la Biblia es descrita como una espada, y la espada no te servirá de nada durante un ataque si está en su vaina. Por ejemplo, puede que te animes con las palabras de 1 Pedro 5:7: "Depositen en él toda ansiedad, porque él cuida de ustedes". Hay dos frases que las añade la versión Amplified Bible, que tal vez quieras decir con más énfasis: *cariñosamente* y *con vigilancia*.

Cariñosamente – El cuidado de Dios hacia ti brilla con un amor genuino. No cuida de ti porque es su deber u obligación. Te quiere; te ama.

Con vigilancia – Dios es diligente mientras cuida de ti. No se queda dormido ni se distrae si un montón de ángeles se vuelven muy ruidosos jugando voleibol. Sus ojos amorosos te siguen a donde quiera que vayas.

2. <u>Arroja tus preocupaciones en Dios</u>. Satanás intentará darte muchas preocupaciones y estrés; afortunadamente, no tienes ninguna obligación de aferrarte a eso. ¿Recuerdas el versículo acerca de "depositar toda ansiedad" en Dios? Cuando leíste eso, tal vez pensaste en "depositar" en el sentido de poner algo a los pies de Dios. Esa es una bonita imagen, pero eso no es lo que la Biblia quiere decir aquí. En este caso, depositar tus preocupaciones significa arrojarlas como bolas rápidas. No te aferres a las preocupaciones. Ni siquiera digas: "La próxima vez que vaya a la iglesia o al grupo de jóvenes, le voy a entregar estas preocupaciones a Dios. Tal vez los coloque simbólicamente en frente del altar". No esperes; recógelas y dispáralas en la dirección de Dios. Créeme; Él las puede atrapar y Él sabe que hacer con ellas.

3. <u>Descansa en Dios</u>. Le pidieron a dos artistas que pintaran imágenes de paz. Uno pintó una escena serena de naturaleza, con una laguna tranquila como su enfoque principal. El otro pintó una rama de un árbol que se extendía sobre una cascada tremenda y torrente. Un pájaro estaba en su nido posado en la rama, descansando en la seguridad de su hogar. El pájaro parecía comprender que en su nido estaba a salvo del peligro abajo.

¿Qué imagen representa paz y descanso? La segunda. Piénsalo. La primera imagen es estática, inactiva. La segunda realmente representa paz, porque no puede haber paz sin oposición. Dios no quitará toda oposición de tu vida, pero te puede dar un sentido de descanso y paz en medio de las tormentas. Así que, descansa en el amor de Dios y su plan para tu vida. Él satisfará tus necesidades.

El estado de juicio

onocí a una mujer casada con un hombre rico de negocios. Este hombre era bastante callado y su esposa quería que fuera más extrovertido. Él era muy entendido en muchos temas y su esposa se enojaba cuando salían con sus amigos y él no contribuía nada a la conversación, aun cuando el tema era sobre algo que él conocía muy bien.

Una noche, después que la pareja había vuelto de una fiesta, la mujer le empezó a reclamar: "¿Por qué no dijiste nada esta noche? ¡Simplemente estabas ahí sentado como un tonto! ¡Nuestros amigos van a pensar que eres un tonto y un ignorante! ¡Actuaste como si no supieras nada!"

El marido respondió: "Yo sé aquello que *yo* sé. Trato de estar callado y escuchar para averiguar lo que otros saben".

Pienso que es por esta actitud que el hombre es adinerado; es sabio y pocas personas obtienen dinero sin sabiduría. Este hombre estaba dispuesto a sentarse y escuchar lo que otras personas sabían, lo que pensaban, sin pasar juicio sobre ellos o criticar su postura acerca de algún tema.

Yo solía ser una persona crítica. Al parecer, siempre veía lo que estaba mal con algo o alguien, en lugar de lo que estaba bien. Algunos tipos de personalidades simplemente son más dados a buscar defectos que otros. Aquellos que tienden a ser controladores comúnmente ven primero lo que está mal, y son bastante generosos en compartir sus críticas con otros.

Yo, como todos nosotros, necesitaba darme cuenta que todos son diferentes. Lo que tal vez es un buen plan de acción para mí, tal vez no sea bueno para mi amigo. Y no estoy hablando acerca de cosas universales como "Ama al Señor tu Dios", sino acerca de las miles de elecciones personales que las personas hacen cada día. La gente tiene el derecho a tomar estas elecciones sin interferencia externa.

Por ejemplo, mi esposo y yo diferimos en nuestro enfoque hacia muchas cosas, tales como la forma de decorar una casa. Si vamos de compras juntos buscando cosas para el hogar, parece que a Dave siempre le gusta una cosa, mientras que a mí me gusta otra diferente. ¿Por qué? Simplemente porque somos dos personas distintas. Su opinión es tan buena como la mía, y viceversa.

Eso pareciera ser un concepto fácil, pero me tomó años comprender que no le pasaba nada malo a Dave sólo porque no estaba de acuerdo conmigo acerca de todo. Y yo no era tímida al compartir con él qué tan mal pensaba que él era. Mi actitud creó mucha fricción entre nosotros y lastimó nuestra relación.

El juicio y la crítica de este tipo son el fruto de un problema más profundo: el orgullo. Repetidamente la Biblia nos advierte contra volvernos demasiado magnánimos y tener una opinión demasiada elevada de nosotros mismos. Si somos orgullosos, tenemos la tendencia a despreciar a otros y a valorarlos menos que nosotros. Para decirlo de manera sencilla, el Señor aborrece esta actitud.

Gálatas 6:3 observa: "Si alguien cree ser algo, cuando en realidad no es nada, se engaña a sí mismo" (NVI).

Supongamos que uno de tus vecinos toca a la puerta de tu casa y dice: "Sabes, en realidad no me gusta la forma en cómo te ves. Deberías vestir de otra manera y hacer algo diferente con tu cabello. Tu estilo no es bueno para mí. Y ya que estás haciendo eso, búscate unos amigos más sociables. Las personas con las que andas son una bola de perdedores. Un último comentario: Tu casa también es muy fea".

¿Cómo responderías? ¿Alguna vez has sido juzgado de esta manera? ¿Alguna vez has sido tú el que juzga?

Yo sí. Solía entretenerme sentada en el parque o el centro comercial mirando las personas pasar, formando opiniones acerca de su ropa, sus peinados, sus parejas y demás. Ahora, no siempre podemos escapar de tener una opinión, pero no la tenemos que expresar y lastimar a otros. No tenemos que meditar en las opiniones hasta que se conviertan en juicios.

También, yo creo que podemos crecer y madurar hasta tal grado donde no formulamos tantas opiniones negativas acerca de las personas a nuestro alrededor. Podemos controlar más y más esta porción en los campos de batalla de nuestras mentes.

Con frecuencia me digo: "Joyce, no es asunto tuyo".

Una muy buena manera de luchar para salir del estado de juicio es depender de la gran arma contra el juicio: el amor.

Tú y yo tenemos la habilidad de amar a otros y la orden de Dios de usar esa habilidad. Si vivimos una vida de amor, nos protegemos de convertirnos en juzgadores y orgullosos. Proverbios 16:24 dice: "Panal de miel son las palabras amables: endulzan la vida y dan salud al cuerpo" (NVI).

Todos cometemos errores y todos tenemos debilidades. Pero en lugar de tener una mentalidad hacia otros con un corazón duro y de crítica, la Biblia nos enseña que debemos perdonarnos los unos a los otros, mostrar bondad y decir palabras de amor y de ánimo.

Descubrirás que si te enfocas en buscar lo bueno que hay en otros y en decir "palabras amables", no tendrás tiempo ni tendencia a juzgarlos. Y verás que conforme va cambiando tu actitud, tu gozo incrementa.

Jesús quiere que disfrutes la vida. El juicio y la crítica nunca traen gozo. Pero el mostrar amor sí lo trae. La elección es tuya.

CAPITULO 10

El estado de la pasividad

¿**A**lguna vez te han dicho que necesitas estudiar o hacer ejercicio o ir a la iglesia o limpiar tu habitación, y tu respuesta es: "¡Pero no tengo ganas!"?

Muchas personas, incluso las que creen en Dios, son tan pasivas en su enfoque hacia la vida que una simple ausencia de sentimiento es todo lo que se necesita para detenerlas de hacer lo que deben. Asisten a la iglesia cuando les da la gana. Alaban a Dios sólo cuando están bien cargadas sus emociones. Donan su tiempo o dinero sólo cuando se sienten generosas.

Efesios 4:27 (VRV) advierte: "ni deis lugar al diablo", pero mucha gente no se da cuenta de la verdad vital: El espacio vacío es un lugar. En otras palabras, una mente pasiva es una fortaleza indefensa. El enemigo fácilmente puede invadirla. Satanás no necesariamente necesita que tu mente esté corrompida y llena de pensamientos y motivos impuros o mentiras para ganar la batalla por tu mente. Le sirve perfectamente bien una mente desocupada y floja.

Por ejemplo, puede que una persona se diga a sí misma: *Me está yendo bastante bien. No tengo malos pensamientos acerca de los demás y tampoco los critico a cada rato. No me meto en los asuntos de los demás.*

El problema con esta mentalidad es que hay pecados agresivos, pecados de comisión y hay pecados pasivos, pecados de omisión. Palabras severas y odiosas han destrozado muchas relaciones, pero también han destruido matrimonios y amistades por el silencio frío, por las palabras amables y de sanidad que nunca se pronunciaron.

Pulverizando la pasividad

Hace muchos años, mi esposo tenía problemas de pasividad. Era una persona activa en algunas fases de su vida. Iba a trabajar todos los días y jugaba golf los sábados. (También, como mencioné anteriormente, era un espectador de deportes cada domingo por la tarde.)

Pero más allá de estas actividades, a Dave le faltaba motivación. Si necesitaba que colgara un cuadro en la pared, tal vez le tomaba tres o cuatro semanas antes de que lo hiciera. Esta pasividad creó mucha tensión entre nosotros. A mi parecer, sólo hacía lo que él quería hacer y nada más.

Dave amaba al Señor y buscó consejos divinos acerca de su problema. Dios le mostró que su pasividad era parte del plan de batalla de Satanás. Dave había cedido al enemigo algo de territorio.

Dave también era pasivo en cuanto a estudiar la Biblia y la oración. Estaba consciente de su debilidad, así que era difícil para mí escucharlo y respetarlo. De todas maneras yo tenía un problema en cuanto a rebelión, y ya te imaginarás cómo el diablo utilizó nuestras debilidades en nuestra contra. Dave me decía que yo siempre estaba corriendo diez millas adelante de Dios. Yo le respondía que él estaba diez millas atrás de Dios. Muchas personas se divorcian por los problemas que nosotros tuvimos.

Afortunadamente, el Espíritu de Dios le reveló a Dave cómo el enemigo lo estaba agobiando a través de su pasividad. Dave decidió en su corazón y en su mente que una vez más se volvería en una persona más activa en todos los aspectos de su vida.

Comenzó a despertarse a las 5 de la mañana para leer la Biblia y orar antes de ir a trabajar. La batalla había comenzado, y no fue fácil. Satanás no quería dejar ir el campo de batalla que ya había conquistado, así que hizo lo que pudo para romper la voluntad de Dave. Algunas veces, Dave se despertaba pero luego se quedaba dormido en el sillón un rato después. Pero aun en esas mañanas cuando le ganaba el cansancio, Dave sabía que estaba mejorando, simplemente porque se esforzaba por pararse de la cama y fortalecer su vida espiritual.

En ciertos momentos, Dave se mantenía despierto, pero se aburría con lo que estaba estudiando o no entendía una escritura en particular. En otras ocasiones, se preguntaba si Dios estaba escuchando sus oraciones. Pero se acordaba de lo que el Espíritu Santo le había revelado acerca de su pasividad y siguió esforzándose para mejorar.

Con el tiempo, comencé a notar que cuando yo necesitaba que Dave colgara un cuadro o arreglara algo que estaba descompuesto en la casa, él respondía de inmediato. Se volvió más decisivo. La nueva disciplina en su vida espiritual se estaba manifestando en otras áreas.

Debo ser honesta y decirte que el cambio de ser pasivo a ser activo no fue fácil para Dave. Fue algo que tomó meses para superarlo, no meramente días o semanas.

Pero mi esposo persistió y ahora, no es pasivo para nada. Es el administrador de Joyce Meyer Ministries, supervisando todo el ministerio de alcance de la radio y televisión. También lleva toda la responsabilidad económica del ministerio. Viaja de tiempo completo conmigo y toma las decisiones con respecto a nuestro horario de viaje.

También es un hombre excelente en cuanto a la familia. Todavía juega golf y a veces mira los deportes en la televisión, pero también hace otras cosas que debe hacer. Conociéndolo ahora y viendo todo lo que realiza, nadie hubiera pensado que antes era acosado por la pasividad.

Lo que aprendió Dave fue que las acciones correctas son el resultado de los pensamientos correctos. Es imposible cambiar un comportamiento negativo a uno positivo sin primero cambiar tus pensamientos. Una persona pasiva puede querer en verdad hacer lo co-rrecto, pero nunca lo hará hasta que active su mente y adquiera la disciplina de enfocarse en la Palabra y voluntad de Dios.

Por ejemplo, un hombre que vino a uno de mis seminarios, se acercó y nos compartió un problema: Él era un prisionero de la lujuria. Amaba a su esposa y no quería que se destruyera su matrimonio, pero no podía evitar mirar y tocar otras mujeres. Él dijo: "Joyce, no logro mantenerme alejado de otras mujeres. ¿Puedes orar por mi liberación? Muchos han orado por mí, pero parece que nunca logro cambiar".

Esto es lo que el Espíritu de Dios me movió a decirle: "Sí, haré una oración por ti, pero deberás rendir cuentas por lo que estás permitiendo que se vea en la pantalla de cine de tu mente. Si algún día quieres disfrutar de la libertad, no puedes continuar visualizando imágenes pornográficas en tu cabeza o imaginándote con otras mujeres".

No puedes albergar pensamientos malos o impuros en tu mente y luego experimentar un avance libertador en tu vida. Tu mente no puede ser un patio de recreo para el pecado. Jesús también expresa bien este punto en Mateo 5:27-28: "Ustedes han oído que se dijo: 'No cometas adulterio'. Pero yo les digo que cualquiera que mira a una mujer y la codicia ya ha cometido adulterio con ella en el corazón".

Si tienes una tendencia hacia la pasividad, toma la iniciativa. Decide actuar. No nada más esperes que las cosas mejoren por su propia cuenta o mientras maduras. Toma decisiones. Comprométete. Haz un plan para evitar el pecado.

Si quieres disfrutar de la buena vida que Dios tiene planeada para ti, mantén tu mente enfocada en las cosas buenas. No permitas que los pensamientos perjudiciales entren a tu mente de sorpresa y no juegues con ellos si es que sí se meten.

Si de verdad deseas la victoria sobre tus problemas, debes tener un *pilar* no una *varita mágica*.

Sé activo, no pasivo. Actuarás correctamente conforme pienses correctamente. No seas pasivo en tu mente. ¡Comienza a elegir pensamientos correctos ahora!

CUARTA PARTE

Espacios mundanos en la mente

INTRODUCCIÓN

Ahora que ya está completo nuestro recorrido por algunos de los "estados" indeseables, es tiempo de ir más allá, a visitar las "ciudades", las actitudes específicas dentro de aquellos estados mentales.

Si tu mente está en cualquiera de los lugares que voy a describir en esta sección, eso afectará negativamente tu vida interior y tus circunstancias exteriores. Incluso puedes ya estar en camino a la "Tierra Prometida" y no estar disfrutando el viaje si tu mente no está bien.

Por ejemplo, recuerdo un tiempo cuando mis circunstancias estaban realmente bastante bien. Dave y yo teníamos una casa bonita, tres hijos hermosos, trabajos buenos y suficiente dinero para vivir cómodamente.

Pero yo no podía disfrutar de nuestras bendiciones por algunas mentalidades perjudiciales que me acosaban. Mi vida me parecía un desierto por la manera en que yo percibía las cosas. Me estaba muriendo en el desierto, pero Dios en su misericordia, prendió una luz en mi oscuridad y me guió fuera de él.

Le pido a Dios que esta sección sea una luz para ti, que te libere de los espacios mundanos en tu mente, y te prepare para salir del desierto hacia la luz gloriosa de Dios.

"No quiero tomar responsabilidad por mi espiritualidad, ¿no es ese el trabajo de los pastores y de los padres?"

Durante su tiempo en la escuela secundaria y la preparatoria, un joven asistió a cierto campamento que la iglesia organizaba cada verano. El campamento siempre terminaba con un culto emotivo junto a la fogata, en la cual las personas podían compartir lo que había en sus corazones, podían confesar sus pecados, pedir algo en oración o alabar a Dios por algo.

En su primer culto junto a la fogata, este joven se acercó a las llamas y aventó una cajetilla de Marlboro en el fuego. Con lágrimas contó cómo había sido adicto al cigarrillo y que al "arrojarlos al fuego", estaba demostrando una consagración nueva de su vida a Dios.

El siguiente verano, sucedió lo mismo. La única diferencia fue que este chico había cambiado de marca de cigarrillos en ese año.

Finalmente, llegó el verano número tres. Hubo otro culto junto a la fogata y...lo adivinaste. Se volvió un chiste triste entre los otros veteranos del campamento.

Por supuesto que no deberíamos juzgar a este joven. Es fácil ser emotivo y estar lleno de buenas intenciones cuando Dios recién nos habla y nos incita a hacer algo o dejar de hacer algo. Muchos de nosotros no terminamos lo que iniciamos una vez que la emoción desaparece y nos damos cuenta que hay más cosas que están involucradas que sólo tener escalofríos o unas cuantas lágrimas.

Muchas de las aventuras nuevas o "reconsagraciones" son emocionantes simplemente porque son nuevas. Y esa emoción te ayudará a estallar los primeros bloques, pero no te ayudará a llegar hasta la meta final. Se necesita perseverancia y un sentido de responsabilidad para terminar lo que inicias.

El joven en nuestra historia no fue capaz de tomar la responsabilidad de sus acciones. Los consejeros del campamento y los conferencistas lo inspiraron, lo motivaron a tomar una decisión. Pero era su responsabilidad ser fiel a su decisión, y ahí es donde titubeó.

Hubo un tiempo en tu vida donde no tenías ninguna responsabilidad. Lástima que eras muy joven como para recordarlo. Fue cuando recién naciste. Cada una de tus necesidades fue atendida por alguien más. Pero conforme crecías, se esperaba que tomaras más y más responsabilidad. En este momento, tal vez tengas un padre, un hermano, un maestro o un entrenador que hace algunas cosas por ti, pero con otras, se espera que tomes la iniciativa.

Es la misma situación con Dios. Él desea enseñarles a sus hijos acerca de la responsabilidad. Y entre más te bendiga con dones espirituales y oportunidades, más quiere que hagas con ellos.

El Señor me ha dado una gran oportunidad de estar en el ministerio de tiempo completo, para enseñar de su Palabra a través de la radio y la televisión internacionalmente, para predicar el evangelio alrededor del mundo, para escribir libros que son leídos por millones. Pero te puedo asegurar que hay un aspecto de responsabilidad en lo que yo hago, del que muchas personas no saben nada al respecto. Un ministerio como el nuestro no es un evento de los medios de comunicación grande y continuo.

Muchas personas solicitan trabajo con nosotros, pensando que sería lo mejor de este mundo estar asociado con un ministerio cristiano prominente. Después, algunos de ellos se consternan al descubrir que aquí también tienen que trabajar, así como en cualquier otro lugar. Tienen que despertar en la mañana, llegar a tiempo al trabajo, atender sus tareas diarias y seguir el liderazgo de sus jefes.

Cuando las personas comienzan a trabajar con nosotros, de inmediato les digo que no caminamos en las nubes todo el día, cantando el coro "aleluya". Trabajamos. Trabajamos arduamente. Trabajamos con integridad y lo que hacemos lo hacemos con excelencia. Claro, es un privilegio trabajar como parte de un ministerio, pero con los nuevos empleados enfatizo que cuando los escalofríos desaparecen, aún estaremos presentes, esperando altos niveles de responsabilidad.

Dios espera lo mismo. Él quiere que sigas viviendo para Él aun cuando ya no sientas escalofríos.

Es probable que tengas algunas personas en tu vida que te animen en tu vida cristiana, pero no siempre estarán ahí a tu lado. Así como un campeón corredor de distancia, vas a tener que impulsarte cuando no hay nadie más presente para marcarte el paso o gritarte al oído palabras de aliento o decir con efusión al final de cada carrera: "¡Bien hecho!".

Todos nosotros nos debemos motivar desde adentro. Debemos vivir nuestras vidas ante Dios, sabiendo que Él ve todo y que nuestras recompensas vendrán de Él, si somos responsables en hacer lo que Él quiere que hagamos.

"Mi futuro se define a través de mi pasado y mi presente"

Como leíste en alguna otra parte de este libro, yo fui víctima de abuso. Fui criada en un hogar disfuncional y mi niñez estuvo llena de temor y tormento. Tal vez te puedas relacionar con esto.

Probablemente has escuchado que los sicólogos y los consejeros declaran que la personalidad de un niño se forma durante los primeros cinco años de su vida. Entonces, como te podrás imaginar, ¡mi personalidad era un desastre! Tenía que poner una cara valiente para ocultar mi temor. Y construí paredes de protección alrededor de mí para evitar que la gente ya no me lastimara. Dejé a las personas fuera de mi corazón y, como resultado, me encerré a mí misma.

Aquí hay otra manera en la que hice frente a mi temor y mi dolor: Me convertí en una controladora. Yo creía que la única manera que podía sobrevivir en la vida era teniendo el control. Yo pensé que si podía controlar mis relaciones y mis circunstancias, nunca más alguien me podría lastimar.

¿Esto te suena parecido o a alguien que conoces?

Conforme me iba convirtiendo en joven adulto, realmente intenté vivir para Cristo, seguir sus enseñanzas. Pero batallé mucho. La nube de mi pasado colgaba sobre mí, haciendo difícil mirar mi futuro con optimismo. Pensé: *¿Cómo puede ser posible que alguien con mi pasado realmente esté bien como persona? ¡Es imposible!*

Pero conforme leía la Biblia y oraba, me di cuenta que Jesús dijo que sanaría al enfermo, al quebrantado de corazón, al herido. Estaba atrapada en una cárcel, pero Jesús vino para abrir las puertas y liberarme. Su especialidad era ayudar a las personas como yo. Me dio una visión positiva para mi vida. Me llevó a creer que mi futuro no se definía por lo que había sucedido en el pasado o lo que estaba sucediendo en el presente.

Como yo, tal vez has soportado un pasado miserable, y las circunstancias en las que estás ahora tal vez te den pocas razones de esperanza. Pero te digo con audacia: *Tu futuro puede ser lleno de gozo, significado y paz.* Yo soy una prueba viviente de esto y tú también lo puedes ser.

Así que, adopta una nueva mentalidad. Confía que todas las cosas son posibles con Dios. Recuerda, ¡Él creó el universo entero de la nada! Entonces, ¡si tú crees que no eres nada, dale a Él tu nada y observa como Él actúa! Todo esto requiere de fe. Cree, abandónate en sus brazos amorosos y Él hará lo demás.

Aquí tenemos una de las cosas más hermosas que pueden suceder cuando permites que Dios convierta un pasado oscuro y poco prometedor en un futuro brillante y prometedor:

Puedes romper los patrones destructivos que han acosado tus relaciones familiares.

Si tienes una relación poco saludable con tu padre, tu madre o tu padrastro o madrastra, puedes decir: "Esto termina conmigo". Por ejemplo, si has sido criticado y puesto en ridículo constantemente, puedes resolver decir palabras de esperanza y ánimo a los miembros de tu familia que tienes ahora, y con los que tendrás algún día. Puedes ayudar a crear un legado de luz donde alguna vez sólo hubo oscuridad.

Conforme inviertes estos patrones destructivos, dando cosas a otros que tu alguna vez ansiabas tener, encontrarás que tiene un efecto increíble de sanidad para ti.

"Lo hacemos a mi manera o no lo hacemos"

P uede ser que escuches a los pastores y educadores quejarse diciendo: "Los jóvenes de hoy en día son más tercos y rebeldes que nunca".

Supongo que se puede debatir la afirmación, pero a través de la historia ha habido muchos, muchos grupos que podrían ser contendientes fuertes para el título de "El más terco". Por ejemplo, el Antiguo Testamento está lleno de historias acerca de los israelitas y su rebelión continua contra Dios. Tantas veces le dieron la espalda a Dios desafiantemente, sólo para regresar a Él quejándose cuando se metían en problemas. Después, obedecían por un tiempo hasta que mejoraban sus circunstancias y se olvidaban de qué tan miserables estaban cuando vivían en desobediencia.

Después de un tiempo, los israelitas volvían a ser engreídos y todo el ciclo de repetía de nuevo. Es casi increíble que estas personas no aprendieran, aún después de experimentar tantas veces las maravillosas bendiciones y también los castigos terribles.

Tal vez te puedas identificar con los israelitas. Quieres controlar tu propia vida y estás dispuesto a obedecer a Dios, siempre y cuando Él no te corte las alas. Yo puedo identificarme contigo.

Yo creo que nací con una personalidad fuerte y mi destino era ser una persona de "hacerlo-a-mi-manera", sin importar el tipo de educación que tuve. Pero los años que pasé bajo el abuso y control, sólo añadieron leña a mi fuego rebelde. No confiaba en personas de autoridad; los resentía. Me convertí en una persona que resistía la corrección, que desobedecía las reglas y que era difícil de controlar. Mi actitud era sencilla: ¡Nadie me iba a decir qué hacer!

Obviamente, Dios tuvo que tratar con mi actitud antes de que yo pudiera convertirme en un siervo eficaz para Él. Dios no puede formar arcilla si no es moldeable y flexible. No podía permitir que mi pasado se convirtiera en una excusa para resistir la formación de Dios en mi vida. Para vivir la vida de un ganador tuve que mostrarle a Dios una obediencia rápida y precisa en todo.

Conforme trabajaba hacia esta meta descubrí que la obediencia es un proceso. Mientras que yo ponía a un lado mi voluntad y hacía la voluntad de Dios, encontré que mi habilidad para obedecer estaba mejorando constantemente.

Es importante mejorar continuamente nuestra habilidad para obedecer, ya que Dios requiere nuestra obediencia en todas las cosas. No debemos ocultar de Él ningún área de nuestras vidas. A Él no le podemos cerrar ninguna puerta.

Aquí está el por qué la obediencia total a Dios es tan vital. La mayoría de los expertos están de acuerdo en que el rey Salomón, un hombre a quien Dios le dio más sabiduría que a cualquier otro hombre, escribió el libro de Eclesiastés. Salomón era el Hombre Sabio Número Uno.

Lamentablemente, Salomón cometió muchos errores trágicos durante su vida y pasó mucho tiempo deprimido y triste, a pesar de ser increíblemente rico y poderoso. Casi al inicio de Eclesiastés, él se lamenta diciendo: "Lo más absurdo de lo absurdo, ¡todo es un absurdo!" (ver Eclesiastés 1:2).

Después hace una lista de lo que él piensa que es absurdo. Aquí está la Lista de Salomón de las ocho cosas más absurdas:

1. La sabiduría
2. El placer
3. La insensatez
4. El trabajo
5. El progreso
6. La riqueza
7. La juventud y el vigor
8. Todo (básicamente)

(Y tú creías que algunos de tus amigos son realmente absurdos.)

Todos nosotros podemos aprender una lección valiosa de Salomón. Verdaderamente fue un hombre sabio y su sabiduría fue un regalo de Dios. Por desgracia, abusó de su regalo. Se volvió rico y poderoso y se rodeó de mujeres hermosas, pero se le olvidó hacer algo muy importante: obedecer humildemente a Dios.

Salomón quiso hacer lo suyo, vivir a su manera. Como resultado, aguantó mucha desesperación innecesaria, a pesar de tener todas las posesiones materiales que un hombre podría desear.

Afortunadamente, este hombre sabio finalmente acertó. Eclesiastés es un libro bastante deprimente, pero termina con unos consejos muy buenos para todos nosotros:

El fin de este asunto es que ya se ha escuchado todo. Teme, pues, a Dios y cumple sus mandamientos, porque esto es todo para el hombre. Pues Dios juzgará toda obra, buena o mala, aun la realizada en secreto.

— Eclesiastés 12:13-14

Permíteme decir esta escritura con mis propias palabras de acuerdo a lo que entiendo de ella.

El propósito entero de la creación del hombre es que le dé reverencia y adoración a Dios obedeciéndole. Todo carácter santo debe ser arraigado en la obediencia, eso es el fundamento de toda felicidad. Nadie puede ser verdaderamente feliz sin ser obediente a Dios. Cualquier cosa que esté fuera de orden en nuestras vidas será ajustada por medio de la obediencia. La obediencia es el deber completo de la humanidad.

La próxima vez que seas tentado a hacer las cosas a tu manera, considera las palabras de Salomón. La obediencia es responsabilidad de cada individuo ante Dios.

La obediencia se vuelve aun más importante cuando nos damos cuenta que nuestra elección de obedecer o desobedecer no tan sólo nos afecta a nosotros, sino que afecta a otros, posiblemente a muchos otros. Piensa en aquellos israelitas del Antiguo Testamento. Muchos de ellos murieron en el desierto sin haber llegado a la Tierra Prometida que habían buscado por muchos, muchos años. Eso es trágico. Pero lo que es aún más trágico es que muchos de los hijos de estas personas también murieron en el desierto, como resultado de la desobediencia de sus padres.

Algo parecido sucede en tu vida. Tus decisiones afectan a otras personas, a tu familia, a tus amigos, a tus compañeros de la escuela, a tus compañeros de equipo, etc. Estos efectos pueden ser positivos o negativos.

Hace poco, nuestro hijo mayor se me acercó y me dijo: "Mamá, tengo algo que decirte, y tal vez llore, pero escúchame. He estado pensando en ti y en mi papá y en todos los años que han dedicado a este ministerio, y en todas las veces que han elegido obedecer a Dios y cómo esto no siempre ha sido fácil para ti. Me doy cuenta mamá, que tú y mi papá han tenido que pasar por cosas de las cuales nadie está enterado, y quiero que sepas que esta mañana, Dios hizo que me diera cuenta de cuánto me estoy beneficiando con la obediencia de ustedes, y estoy muy agradecido".

Lo que dijo mi hijo significó mucho para mí, y me recordó Romanos 5:19: "Porque así como por la desobediencia de uno solo muchos fueron constituidos pecadores, también por la obediencia de uno solo muchos serán constituidos justos".

Jesús proporcionó el ejemplo fundamental de cómo la obediencia de una sola persona puede tener un impacto sobre las vidas de otros. Al ser obediente hasta tal grado de sacrificar su vida en la cruz, Él salvó a todo el mundo.

No tienes que cargar con el peso de todo el mundo, pero hay personas en tu vida a quienes puedes ayudar a salir del desierto (del pesimismo, de la rebelión, de la apatía, de lo que sea) a través de tu obediencia, o puedes dejarlos divagar como resultado de tu desobediencia.

La obediencia es algo de gran alcance. Puede cerrar las puertas del infierno y abrir las ventanas de los cielos.

"La vida es demasiada difícil para poderla soportar, ¿no puede hacer Dios que sea más fácil?"

Aquí tenemos una situación que sucede seguido en nuestro ministerio. Una persona se acerca a mí para pedir consejo y oración. Yo le digo lo que la Palabra de Dios aconseja con respecto a su situación. Ella contesta: "Entiendo lo que dices; Dios me ha estado mostrando lo mismo. Pero Joyce, ¡lo que Dios quiere que haga simplemente es demasiado difícil!"

Dios me ha mostrado que Satanás comúnmente intenta inyectar esta mentira a las mentes de las personas para intentar hacer que se den por vencidas. Antes yo creía esa mentira, pero hace algunos años, cuando Dios me reveló esta táctica en particular del enemigo, me enseñó a no quejarme de lo difícil que todo parecía ser. Me mostró que si tan sólo lo sigo obedeciendo, todo será más fácil. Me guió a Deuteronomio 30:11, el cual nos asegura: "Este mandamiento que hoy te ordeno obedecer no es superior a tus fuerzas ni está fuera de tu alcance" (NVI).

Tenemos la tendencia de hacer las cosas más difíciles de lo que tienen que ser a través de quejarnos mientras hacemos nuestras tareas. El pesimismo nos quita toda la energía y la actitud positiva que necesitamos para llevar acabo nuestras metas. Pero Dios está junto a nosotros, diciéndonos que su voluntad no es muy difícil de seguir y que el cumplimiento de los deseos que tenemos no es tan lejano como a veces parece ser ante nosotros.

Es verdad, puede que Dios te guíe por un camino difícil, con un equilibrio difícil y empinadas que estropean los músculos. Pero Él estará contigo a cada paso en el camino, dándote la fuerza que necesitas, la fuerza mental, física y espiritual.

"La vida es tan injusta, ¿no me da eso el *derecho* de quejarme?"

Yo estudié estos versículos por muchos años:

Porque es digno de elogio que, por sentido de responsabilidad delante de Dios, se soporten las penalidades, aun sufriendo injustamente. Pero ¿cómo pueden ustedes atribuirse mérito alguno si soportan que los maltraten por hacer el mal? En cambio, si sufren por hacer el bien, eso merece elogio delante de Dios.

— 1 Pedro 2:19-20

Intenté comprender cómo podría ser posible que a Dios le complaciera tanto verme sufrir. Después de todo, ¿no dice la Biblia que Jesús llevó nuestro sufrimiento y dolor? Si esto fuera cierto, ¿por qué me seguía afectando el sufrimiento?

Finalmente, me di cuenta que el sufrimiento no es ni siquiera el punto principal de este pasaje; es la *actitud* que uno tiene con respecto al sufrimiento. Si alguien nos trata mal, a Dios le complace si lo manejamos con paciencia. Piensa cuidadosamente en esas palabras: a Dios no le gusta cuando sufrimos; todo se trata de la actitud que adoptamos.

Jesús es nuestro ejemplo en esto. Pedro nos dice que "injuriaron e insultaron" a Jesús y que "abusaron" de Él. Pero como reacción, Él no los injurió ni los insultó ni abusó de nadie. En lugar de eso, encomendó cada circunstancia a Dios, su Padre celestial.

Jesús sufrió con empeño, gloriosamente. No se quejó, aunque fue injusto cada gramo de sufrimiento que soportó. Él es nuestro ejemplo de cómo lidiar con la vida cuando es difícil e injusta.

Hace mucho tiempo, algo sucedió en nuestra familia que ilustra este punto. Nuestro hijo Daniel regresó de un viaje misionero a la República Dominicana con un salpullido severo y varias llagas abiertas en sus brazos. Aparentemente, tuvo un encuentro cercano con la versión de hiedra venenosa de la República Dominicana.

Los brazos de Daniel se veían tan mal que sabíamos que teníamos que llevarlo con nuestro médico familiar. Llamamos a la oficina del doctor, sólo para enterarnos de que el doctor había salido ese día. Así que, hicimos cita con su sustituto. Nuestra hija, Sandra, fue la que hizo la cita. Explicó que Daniel era menor de edad y que ella lo estaría llevando al consultorio.

Sandra hizo el viaje de cuarenta y cinco minutos hasta el consultorio del doctor sólo para que la enfermera le dijera: "Ah, lo siento, pero la norma aquí es que no damos tratamiento a menores de edad que no vengan acompañados por sus padres".

Sandra le explicó que había llamado hace poco, específicamente para hacer saber que traería a su hermano, como muchas veces lo había hecho, debido a los horarios de trabajo y viaje de sus padres.

La enfermera se mantuvo firme. Sin un padre, no habría tratamiento.

Sandra pudo haberle gritado a la enfermera. Ella había añadido este viaje a un día ya bastante lleno. Su hermano estaba sufriendo y necesitaba ayuda y parecía que estaría manejando noventa minutos en total, todo por nada. Todo el esfuerzo parecía ser una pérdida de tiempo colosal y frustrante.

Pero Sandra permaneció calmada y amorosa. Llamó a su padre, que estaba visitando a su madre en ese momento. Él le dijo que vendría y se encargaría de la situación. Más temprano ese día, se sintió guiado a pasar por nuestras oficinas para recoger algunos de mis libros y casetes, aunque no tenía ni idea de lo que iba a hacer con ellos.

Al llegar a la oficina médica, la mujer que le ayudó con el papeleo de Daniel le preguntó si era un ministro y si era el esposo de Joyce Meyer. Le dijo que sí y ella contestó que me había visto en la televisión. Platicaron por un momento y Dave terminó dándole uno de mis libros acerca de la sanidad emocional, como respuesta a una necesidad que sentía que ella tenía. Entonces, se cubrieron las necesidades de dos personas ese día: las necesidades físicas de Daniel y las necesidades emocionales de la trabajadora médica profesional.

Aquí está el punto principal de esta historia: ¿Qué hubiera sucedido si Sandra hubiera perdido la paciencia con la enfermera y empezara a quejarse y a protestar? ¿Qué tipo de impresión hubiera dejado con los empleados médicos? Piensa en la mujer que estaba en el escritorio de registros. ¿Qué tal si me había visto en la televisión, hablando acerca de desarrollar una actitud positiva, mientras que uno de los miembros de mi familia hacía un berrinche en público?

Muchas personas en el mundo actual están tratando de encontrar a Dios y lo que nosotros les *mostramos* es mucho más importante que lo que les *decimos*. Claro, necesitamos hablar de las buenas nuevas, pero el hablar y después negar lo que decimos a través de un mal comportamiento, es peor que si nunca decimos nada desde un principio.

Sandra soportó el sufrimiento y la frustración con paciencia, exactamente lo que pide la Palabra de Dios.

América: ¿el país de las quejas?

¿Hay momentos cuando piensas que todo el país se está quejando? ¿Has notado las filas largas en los departamentos de servicio al cliente de varias tiendas y has escuchado todas las quejas que se llevan acabo cuando las personas finalmente tienen su turno al frente de la fila?

Hoy en día hay tanto gruñir y musitar y murmurar, y tan poquita gratitud y apreciación. ¿Escuchas a tus amigos quejarse acerca de la escuela, la familia, la falta de dinero y de sus "otros" amigos? ¿Te preguntas si se quejan de ti también cuando tú no estás?

Yo viajo alrededor de los Estados Unidos y te quiero decir que en este momento hay personas amontonadas en un refugio para los que no tienen casa o están formados en un comedor popular y les encantaría cambiar sus vidas por las vidas de tus amigos quejinches.

¿Has oído que uno de tus padres se queja del "jefe", "el horario largo", "el sueldo pésimo"? Conozco a docenas de personas pobres que lidiarían con el jefe más pésimo del mundo sólo para poder tener un trabajo, cualquier trabajo.

Filipenses 4:6 nos aconseja: "No se inquieten por nada; más bien, en toda ocasión, con oración y ruego, presenten sus peticiones a Dios y denle gracias" (NVI).

En esta escritura, el apóstol Pablo nos dice cómo debemos enfrentar los problemas de la vida: con gratitud en *toda* ocasión. Observa cómo esas palabras fueron cuidadosamente dichas con astucia. Pablo no está diciendo que es necesario estar agradecido *por* toda ocasión, sino que *en* toda ocasión.

Entonces, no tienes que orar: "Dios, muchísimas gracias por esa pierna rota. Realmente me encantan las piernas rotas. Siempre he querido tener una. ¡Las piernas rotas son lo máximo! Hey, ¿me podrías romper la otra también?"

En lugar de eso, mientras soportas esa pierna rota y el proceso de sanidad, no te enfoques solamente en tu pierna. Mantén tu vida en perspectiva y dale gracias a Dios por todas las cosas que andan bien en tu vida. Dale gracias a Él que tus lesiones no fueron peores.

El Señor me enseñó este principio de esta manera: Él me dijo: "Joyce, ¿por qué debo darte las cosas que estás pidiendo? No estás agradecida por lo que ya tienes, estás llena de ansiedad por estas cosas. ¿Por qué debería darte algo más de qué quejarte?"

Me mostró que si no podía ofrecer peticiones de oración desde un fundamento construido sobre la gratitud, no obtendría una respuesta favorable. Tú tampoco lo obtendrás. Dios no dice: "Oren con quejas". Él nos dice: "Oren con gratitud, en toda ocasión".

Recuerda, la paciencia verdadera no es simplemente la habilidad para esperar. Piensa de nuevo en esas filas largas del servicio al cliente. La gente está esperando ahí, pero muchos de ellos están poniendo sus ojos en blanco, maldiciendo en voz baja o suspirando fuertemente y con exasperación cada doce segundos. Eso no es paciencia.

La paciencia es la habilidad de mantener una buena actitud mientras esperas. Eso fue lo que hizo Jesús.

"Tal vez no sea bueno mi comportamiento, pero no es mi culpa"

¿Alguna vez has dicho alguna de las siguientes frases?

"Normalmente no pierdo la calma, pero mi mamá sabe cómo apretar todos mis botones ¡hasta que pierdo la calma por completo!"

"Mi maestro me odia, es por eso que siempre saco malas calificaciones y me meto en problemas en su clase."

"Algunos de mis amigos son una mala influencia para mí; nunca me meto en problemas a menos que ande con ellos."

"No quiero estar activa sexualmente, pero mi novio tiene algún tipo de poder sobre mí."

"No quise probar las drogas, pero mis amigos me convencieron."

Cuando hacemos algo malo, y especialmente cuando hacemos algo malo y nos descubren, rápidamente dirigimos la culpa. Lamentablemente, casi nunca la dirigimos hacia nosotros mismos.

Esto lo sé por experiencia. En mi propia vida, he acusado a mi esposo Dave innumerables veces.

Me recuerdo vívidamente orando a Dios, pidiéndole que cambiara a Dave. Había estado estudiando mi Biblia y conforme la leía, noté varios defectos que se mencionaban, y cómo Dave tenía un montón de ellos. Yo decidí que Dave necesitaba ser diferente. Y eso resolvería los problemas en nuestra relación.

Por ejemplo:

"Si Dave no jugara golf los sábados, yo no estaría tan molesta con él."

"Si Dave hablara más conmigo, yo no me sentiría tan solitaria."

"Si Dave me comprara más regalos, yo no sería tan pesimista."

"Si Dave me ayudara a salir de la casa más seguido, yo no estaría tan aburrida."

Entonces el Señor me habló. Me dijo: "Joyce, tú eres el problema...no Dave".

Respondí con madurez a este mensaje. Lloré y lloré. Derramé lágrimas por tres días seguidos, mientras que Dios me reveló exactamente cómo era vivir con Joyce Meyer bajo el mismo techo. Me mostró cómo yo trataba de controlar todo, cómo fastidiaba y me quejaba, qué tan difícil era de complacer y qué tan pesimista era. La lista continuaba. Todo esto sacudió mi sistema y fue un golpe a mi orgullo. Pero, también, fue el inicio de una recuperación enviada por Dios.

Había caído en la costumbre de culpar cada problema en algo o alguien más que no fuera yo. Cuando actuaba indebidamente, culpaba a Dave. O culpaba el hecho que había sufrido abuso. Pero Dios me dijo: "Joyce, tal vez el abuso sea la razón por la que actúas así, ¡pero no permitas que se convierta en una excusa para permanecer igual!"

Esa fue una revelación de vida libertadora: Una razón no tiene que ser una excusa.

Satanás, por supuesto, quiere que sigamos utilizando excusas. Quiere evitar que enfrentemos la verdad. Él trata de hacer que nos encojamos de miedo al pensar en la posibilidad de enfrentar la verdad acerca de nosotros mismos y de nuestro comportamiento. (Por supuesto, somos más capaces de ver la verdad acerca de los problemas de los demás y no sentimos ninguna preocupación al decirles al respecto.)

Una clave para ser libre del juego de la culpabilidad es solicitar el perdón de Dios. Dios es rápido para perdonarnos si verdaderamente nos arrepentimos, pero no nos podemos arrepentir verdaderamente si no enfrentamos la verdad en cuanto a nuestra actitud y nuestros errores. Y el enfrentar la verdad significa ir más allá de simplemente admitir que hemos hecho algo malo; significa no inventar excusas por ese mal comportamiento.

Aquí tenemos una ilustración: Un día, una vecina me llamó y me pidió que la llevara al banco. Su coche no se quería encender y ella necesitaba llegar al banco de inmediato, antes que este cerrara.

Yo estaba ocupada cuando llamó y no quería ser interrumpida. Así que fui maleducada e impaciente con mi vecina. Colgué el teléfono y de inmediato me di cuenta qué tan terrible había actuado. Sabía que necesitaba llamarla, pedirle disculpas y llevarla al banco. Pero mi mente comenzó a llenarse de excusas:

"No me sentía muy bien cuando llamó."

"Estaba ocupada, llamó durante un tiempo muy inoportuno para mí."

"Estaba teniendo un día muy difícil."

Pero en lo profundo de mi espíritu, podía presentir que el Espíritu de Dios me estaba diciendo que dejara de inventar excusas. Dios me reveló lo que necesitaba hacer: "Sólo llámala y dile que estabas equivocada y punto. No digas nada más que: 'Me equivoqué y no tengo pretexto para la forma en como actué. Por favor perdóname y permite que te lleve al banco'".

Fue difícil decir esas palabras. Mi orgullo se resistía. Quería correr y esconderme de mi responsabilidad, inventar más excusas y no enfrentar la verdad. Pero no te puedes esconder de la verdad, porque la verdad es la luz. Te encontrará en cualquier esquina oscura donde intentes ocultarte.

Pero no te estreses acerca de enfrentar la verdad. La verdad te librará para que puedas vivir la vida abundante que Dios quiere que disfrutes.

Entiendo que tal vez algo en tu pasado o en tu presente te haya lastimado. Puede que haya sido una persona, un evento o algún tipo de circunstancia con la que has tenido que vivir. Este tipo de cosas puede ser el origen de una actitud incorrecta y un mal comportamiento, pero no se tienen que convertir en excusas.

Sin duda, yo sé que muchos de mis problemas de comportamiento fueron resultados directos de los muchos años que sufrí de abuso sexual, verbal y emocional. Y mientras los excusaba basándome en que era una víctima de abuso, yo seguía atrapada en patrones destructivos de comportamiento.

Estoy aquí para decirte que definitivamente puedes ser libre de tu pasado, de todo lo que te ha traído para abajo. Dios te promete que "nunca te dejará ni te desamparará", así que ¡agárrate de Él y permite que te guíe hacia la libertad!

"Tengo derecho a sentir lástima de mí mismo, ¡mi vida apesta!"

Conforme me esforzaba en dejar atrás el dolor de mi pasado y enfrentar el futuro con una mentalidad positiva, descubrí que una de las cosas más difíciles de renunciar era la lástima hacia uno mismo. Por muchos años, usé la lástima para consolarme cuando estaba dolida.

Luego, durante una de mis "fiestas de lástima", el Señor me habló. Dijo: "Joyce, puedes dar lástima o puedes ser poderosa, pero no puedes ser las dos cosas".

Verás, en el momento en que alguien nos lastima o la desilusión nos ataca, el enemigo nos susurra mentiras al oído, poniendo énfasis en cuán cruel e injustamente fuimos maltratados. Comenzamos a hacerle caso a las mentiras y éstas nos amarran, haciéndonos prisioneros de la lástima de uno mismo.

Sin embargo, la Biblia no nos da permiso de sentir lástima por nosotros mismos. De hecho, uno de los mensajes centrales de la Biblia es: "Enfócate en otros, no en ti mismo".

Recientemente, se canceló uno de mis compromisos para dar una plática. Había estado entusiasmada por este evento y comencé a sentir que me entraba una profunda desilusión.

Hubo una etapa en mi vida cuando una cancelación así me hubiera enviado a un hoyo profundo de lástima por mí misma. Durante mi tiempo en el hoyo, hubiera criticado también a los organizadores del evento, juzgándolos y teniendo todo tipo de pensamientos negativos contra ellos.

Pero he aprendido que en este tipo de situación, es mejor relajarme, no decir nada en lugar de arriesgarme a decir algo indebido.

Mientras me sentaba sin decir nada, Dios comenzó a mostrarme la situación desde el punto de vista de las personas que lo habían planeado. No pudieron encontrar un edificio en donde se pudiera llevar acabo el evento y Dios me ayudó a darme cuenta qué tan decepcionante se sintieron ellos cuando falló su búsqueda. Contaban con el evento, de hecho, estaban entusiasmados y tenían grandes expectativas y ahora, sus esperanzas se habían esfumado.

Me asombré al darme cuenta de cuán fácil era evitar la lástima hacia uno mismo cuando miraba el otro lado de la situación, desde el punto de vista de las otras personas en lugar del mío.

Como cristianos, tenemos un privilegio excepcional cuando experimentamos la desilusión; podemos ser "renombrados" en lugar de ser decepcionados. Podemos quitar el enfoque de nosotros y ponerlo en alguien más. Dios nos puede dar un nuevo comienzo si es que no permitimos que la lástima de uno mismo nos mantenga atrapados en los patrones viejos.

Malgasté muchos años de mi vida sintiendo lástima de mí

misma. Me hice adicta a la lástima hacia uno mismo. Se convirtió como en una respuesta automática a ciertos estímulos en mi vida. Para mí, cuando la desilusión aparecía, yo respondía sintiendo lástima de mí misma.

En lugar de "pensar en lo que estaba pensando", permití que mi mente se llenara con pensamientos malos. Y entre más pensamientos malos se amontonaban, más pésima me sentía.

Con frecuencia cuento historias acerca de los primeros años de mi matrimonio. Durante la temporada de fútbol americano, Dave pasaba cada domingo por la tarde viendo los partidos de la NFL en la televisión. (Y si no era la temporada de fútbol americano, era la temporada de otro tipo de "-bol".) Dave disfrutaba de los deportes durante todo el año. Le gustaba cualquier cosa que involucrara botar una pelota y fácilmente podía entre-nerse con un partido y olvidarse de todo. Se entretenía tanto con un partido que ni siquiera sabía que yo existía. Como podrás adivinar, yo no disfrutaba *ningún* deporte.

Un día, me paré frente a Dave y le dije: "No me siento bien para nada; siento que me voy a morir."

Sin despegar la mirada de la pantalla de televisión, respondió: "Ah, muy bien, querida".

Así que me enojé y sentí lástima de mí misma muchos domingos por la tarde. Me enojaba con Dave y comenzaba a limpiar la casa. Intentaba hacerlo sentirse culpable por sentarse ahí disfrutando mientras que yo era miserable. Andaba por la casa como si fuera un tornado. Azotaba puertas y cajones, marchaba de un lado a otro de la habitación donde él estaba sentado, empujando la aspiradora, haciendo una gran demostración de cuán duro estaba trabajando.

Estaba tratando de captar su atención, pero casi ni me hacía caso. Entonces, me daba por vencida, iba al fondo de la casa, me sentaba en el piso del baño y me ponía a llorar. Entre más lloraba, más lástima sentía. (Años después, Dios me reveló por qué las mujeres se van a llorar al baño: es porque en la mayoría de los baños hay espejos grandes, donde nos podemos mirar y ver cuán pésimas nos vemos.)

Después de largos ratos de derramar lágrimas, me veía tan mal que con tan sólo ver mi reflejo, hacía que me pusiera a llorar otra vez. Luego, finalmente, hacía un último recorrido triste por la sala, caminando lentamente y lamentándome. De vez en cuando, Dave levantaba la mirada con tiempo suficiente para verme y me preguntaba si estaba en camino a la cocina y si le podía traer un poco de té helado.

Lo que quiero que entiendas es esto: mi enfoque de lástima no funcionó. En lugar de eso, me agoté emocionalmente, también provocando que me enfermara físicamente muy seguido.

Con el tiempo, aprendí que Dios no te rescatará por tu propia mano, sino por la de Él. Sólo Dios puede cambiar a las personas. Créeme, nadie más que el Todopoderoso mismo pudo haber desanimado a Dave a no mirar tantos deportes en la televisión.

Conforme aprendí a confiar en el Señor en este asunto y dejar de ahogarme en lástima hacia mí misma cuando las cosas no funcionaban a mi manera, vi como Dave encontró el equilibrio en cuanto a los deportes que veía.

Dave todavía disfruta de los deportes, pero ese hecho ya no me molesta. Simplemente utilizo el tiempo que el mira la televisión para hacer las cosas que yo disfruto hacer, en lugar de limpiar la casa furiosamente.

Si realmente necesito o quiero que Dave pase conmigo un domingo por la tarde, se lo pido con cariño, no con enojo. La mayoría del tiempo, está muy dispuesto a cambiar sus planes.

Claro, aún hay momentos cuando las cosas no resultan como a mí me gustaría. Pero en cuanto siento que mis emociones se empiezan a calentar, hago esta oración: "Oh Dios, ayúdame a pasar esta prueba". Y Él es fiel en ayudarme a pasarla victoriosamente.

"No soy una buena persona, así que no merezco las bendiciones de Dios"

Hemos hablado acerca de culpar a otros por las cosas malas en nuestras vidas, y muchas personas hacen esto. Pero hay otra cara a este juego de la culpabilidad. Algunas personas se culpan a sí mismos por todo lo que anda mal en sus vidas. No estoy hablando del hábito saludable de tomar responsabilidad por tus acciones y reacciones; estoy hablando de no sentirse digno, tan indigno que piensas que te mereces cada cosa pésima que te sucede.

Tristemente, muchas personas soportan una doble dosis de culpabilidad. Por ejemplo, puede que una joven odie a su tío por la manera en que abusó de ella físicamente, pero al mismo tiempo, tal vez piense que algo está mal, algo en ella que es impuro o no hubiera sido el blanco de abuso desde un principio.

Yo solía pensar así. Criticaba, juzgaba y culpaba a otras personas, pero también tenía una naturaleza basada en la culpabilidad. Con frecuencia me culpaba por las cosas malas que me sucedían, aun cuando mucho de eso sucedió en mi niñez y no había nada que podía hacer para evitarlo. Me sentía en desgracia.

La *gracia* es el favor de Dios, el poder de Dios entregado a nosotros como un regalo. La gracia nos ayuda a hacer fácilmente cosas que no podríamos hacer por nuestra cuenta. Pero por otro lado, la *desgracia* proviene de Satanás, no del Señor. La desgracia nos dice: "No sirves de nada. Deberías estar avergonzado de ti mismo por lo que has hecho, por la manera en que piensas. No eres digno del amor de Dios ni de su ayuda".

La desgracia envenena tu mente. Te sientes avergonzado de lo que te han hecho, pero también te sientes avergonzado de ti mismo como persona. Así es como yo me sentía. Muy dentro de mí, simplemente no me gustaba quién era.

La belleza del perdón de Dios es que nos permite responder a los pensamiento negativos como este: "¡No mereces las bendiciones de Dios!" La respuesta es entonces así: "Yo sé que no las merezco, ¡pero de todas maneras las puedo tener!"

Esta es la verdad: Nadie merece las bendiciones de Dios. Si se pudiera trabajar para obtenerlas, no serían bendiciones. El libro de Romanos habla acerca de que la paga del pecado es muerte, pero el regalo de Dios es la vida eterna. Observa la diferencia entre lo que podemos ganar y lo que Dios nos da por medio de su gracia y amor absoluto.

No somos dignos de las bendiciones de Dios. Pero podemos aceptarlas humildemente y con agradecimiento. Podemos disfrutar las bendiciones de Dios ¡y asombrarnos al ver cuán bueno es Él y cuánto nos ama!

"¿Por qué no he de tener celos? ¡A la mayoría de las personas les va mejor que a mí!"

De acuerdo al sistema del mundo, el ganador se lo lleva todo. Si no puedes ser el número uno, eres un perdedor. El mensaje que escuchamos con mucha frecuencia hoy en día es: "Llega hasta la cima, no importando lo que tengas que hacer en el camino".

A la inversa, la Biblia nos enseña que no existe tal cosa como la paz verdadera hasta que somos libres de la necesidad de ser más ricos, más fuertes, más populares, más atractivos físicamente y más exitosos que todos los demás.

¿Alguna vez has visto la variedad de *reality shows* y cómo incluso una competencia hecha para televisión puede convertir por completo a desconocidos en enemigos? La competencia se desequilibra tanto que los participantes olvidan que están recibiendo el privilegio de estar en la televisión nacional, con todos sus beneficios. En lugar de disfrutar una oportunidad que muy pocas personas reciben, terminan por discutir el uno con el otro, hablar de los demás a sus espaldas y haciendo que todos, incluyendo ellos mismos, sean miserables.

Claro, deberías esforzarte lo más que puedas en la escuela, en los deportes, en la música o el drama o en lo que sea que tú prefieras. El problema viene cuando no puedes disfrutar de lo que estás haciendo a menos que ganes, a menos que obtengas la primera silla, el primer lugar o el primer premio. Si te vuelves celoso o amargado cada vez que alguien tiene algo que tú no tienes, tu vida será terrible.

Incluso, me arriesgaré en decirte que los celos y la envidia son tormentos que vienen directamente desde el infierno. Pasé muchos años sintiendo envidia de quien se veía mejor que yo o que tenía talentos que yo no tenía. En secreto, yo vivía en competencia con otros que tenían ministerios como el mío. Para mí era bien importante que "mi" ministerio fuera más grande y con más alcance, que atrajera más gente a los eventos y que presumiera de un presupuesto más grande que los presupuestos de los demás. Si el ministerio de otra persona superaba el mío en cualquier aspecto, quería estar contenta por esa persona, porque Dios la estaba bendiciendo, pero algo dentro de mí simplemente no permitía sentirme de la manera en que debía.

Recuerdo una vez cuando una amiga mía recibió un regalo del Señor, un regalo que yo había deseado por mucho tiempo. No consideraba que mi amiga era tan "espiritual" como yo, así que me volví muy celosa cuando apareció en mi puerta, rebosando con la noticia de lo que Dios había hecho por ella. Fingí que estaba feliz, pero mi corazón no lo estaba.

Después de que se fuera mi amiga, me sorprendí a mí misma

al ver los pensamientos que estaban pasando por mi mente. Estaba molesta con Dios por haber bendecido a esta mujer, porque yo no pensaba que lo merecía. Después de todo, yo me había quedado en casa, ayunando y orando, mientras que ella salía con sus amigas a divertirse. Yo era una soberbia religiosa.

Sin embargo, Dios tenía otros planes. Él sabía lo que en realidad necesitaba, mientras que yo me enfocaba en lo que yo *quería*. Él sabía que necesitaba deshacerme de mi mala actitud mucho más de lo que necesitaba de la "bendición" por la cual estaba orando y confiando en Él. Dios arregló las circunstancias para que pudiera enfrentarme a mí misma y exponer lo que el enemigo estaba haciendo con mi actitud.

Afortunadamente, conforme mejor comprendía quién era yo a través de los ojos de Jesús, fui liberada de la necesidad de comparar "lo mío" con "lo suyo". Entre más aprendía a confiar en Dios, de más libertad disfrutaba. Aprendí que mi Padre celestial me ama y hará todo lo que sea mejor para mí.

Tal vez no sea lo mismo lo que Dios hace por mí y lo que hace por ti a lo que hace por alguien más. Pero recuerda el consejo que Jesús le dio a su discípulo Pedro. Jesús le estaba diciendo a Pedro acerca de algunas dificultades que tendría que soportar para poder servir y glorificar a su Señor. Pedro volteó hacia su compañero, el discípulo Juan, y dijo: "¿Y qué de él?". (Pedro se quería asegurar que si su destino era sufrir, Juan estaría ahí junto con él, también soportando los momentos difíciles.)

Jesús le dijo a Pedro educadamente que no se metiera en los asuntos de los demás. Jesús le ordenó a Pedro: "No te preocupes por lo que yo elija hacer con alguien más, ¡tú sígueme!"

Descubrirás algo increíble conforme elijas seguir a tu Señor: ¡Él quiere bendecirte más allá de tu deseo de ser bendecido! Pero también te ama tanto que no te bendecirá más allá de tu capacidad para manejar correctamente las bendiciones y darle la gloria a Él por el éxito que tú disfrutas.

Regresando a cuando estaba celosa de mi amiga, Dios ya tenía un plan para mi ministerio. Su intención fue hacerme la administradora sobre un ministerio que alcanzaría a millones de personas por medio de la televisión, la radio, los libros, los seminarios y mucho más. Pero Él no iba a realizar estos planes hasta que yo "madurara" en Él.

Evalúa tus pensamientos y sentimientos de celos. No tengas miedo de ser honesto contigo mismo y con Dios. Él sabe cómo te sientes, así que más vale que hables con Él al respecto.

Luego, cuando reconozcas que los celos están estableciendo fortalezas en tu mente, ten una conversación contigo mismo. Di: *¿De qué me sirve estar celoso de un amigo o compañero de la escuela? Dios no me va a bendecir por tener celos; Él no opera así. Dios tiene un plan para mi vida y voy a confiar que Él hará lo que es mejor para mí. No es asunto mío lo que Él elige hacer por otras personas.*

Cuando termines con esta autoplática, intenta pedir en oración que esas personas "afortunadas" que conoces sean bendecidas aun más. En serio, te hará bien.

Yo hago oraciones como esta: "Dios, pido por _____. Bendícela aun más de lo que es ahora. Haz que prospere; bendícela en todo. Te pido esto con fe, porque confieso que siento celos por ella, me siento inferior a ella, pero elijo hacer esto a tu manera, sea que me dé la gana o no".

En el cuadro grande, ¿de qué sirve luchar tanto por sobrepasar a alguien más? En cuanto te conviertas en el número uno, habrá alguien que estará tratando de tirarte de tu pedestal.

Piensa en los deportes. A cada rato se rompen los récords del mundo y de las olimpiadas. Los equipos que eran contendientes campeones hace algunos años, ahora están hasta al final de sus divisiones.

Dios me ha ayudado a entender que las "estrellas fugaces" se destellan a través del cielo y atraen mucha atención, pero no duran mucho tiempo. Él me dijo que es mucho mejor permanecer por un largo tiempo y hacer lo que Él me ha pedido que haga, con lo mejor de mis habilidades. Él, no yo, está a cargo de mi reputación. Lo que sea que Dios me pida que haga, está bien por mí. ¿Por qué? Porque Él sabe lo que puedo aguantar mucho mejor que yo.

Fija tu mente para que esté contenta por otros y encomienda a Dios tu vida. Destruye los muros de tus celos que encarcelan tu mente y limitan tu felicidad. Deja a Dios las posibilidades. Él te asombrará.

¡Q.P.J. es tu ADM!

Nosotros, por nuestra parte, tenemos la mente de Cristo.
— 1 Corintios 2:16

Probablemente has visto personas que llevan las pulseras o playeras que dicen "W.W.J.D." (*¿Qué haría Jesús?*). Incluso puede que tú también uses alguna. "W.W.J.D." es tremendo concepto. Ayuda a que las personas se hagan la pregunta "¿Qué haría Jesús?" (Q.H.J., por sus siglas en español) antes de actuar.

Sin embargo, pienso que la pregunta Q.H.J. es sólo la mitad de la batalla. Te quiero presentar a una combinación nueva de tres letras: Q.P.J. (W.W.J.T. por sus siglas en inglés). Significa "*¿Qué pensaría Jesús?*". Es decir, ¿en qué cosas Jesús pasaría el tiempo pensando y *cómo* pensaría en ellas?

Es importante que te armes con Q.P.J. y lo conviertas en tu ADM, tu Arma de Destrucción Masiva, para derribar los ataques del enemigo sobre tu mente. Necesitas pensar como Jesús si quieres actuar como Jesús. Ahora, puede que estés diciendo: "Eso es imposible, Joyce. Jesús era perfecto y sabio en todos los aspectos. Tal vez pueda *mejorar* mi manera de pensar, ¡pero nunca podré pensar de la manera en que Él lo hizo!"

¿Tú crees que no puedes pensar como Jesús? ¡Piensa de nuevo! Tú lo puedes hacer. Cuando Dios te adopta a su familia, te da un espíritu nuevo, un corazón nuevo y la habilidad para renovar tu mente para que puedas pensar como Jesús lo hace.

Echemos un vistazo a este concepto en acción. Imagina que uno de tus amigos habla mal de ti a tus espaldas, abusó de tu confianza o dice algo que no es cierto de ti o te lastimó. Tu reacción "natural" podría ser enojarte, incluso tal vez comiences a odiar a tu amigo y a planear la venganza. ¿Cuál sería el resultado? Estrés, tensión, dolores de cabeza, una sensación fea en tus entrañas, fatiga, insomnio, sólo por nombrar algunos. La mentalidad natural te puede robar toda la energía para vivir tu vida.

Por otro lado, conforme tu mente es renovada y comienzas a adoptar el concepto QPJ, tu respuesta es diferente. En lugar de enfocarte solamente en las injusticias, verás las cosas objetivamente. Te darás cuenta de que Dios te ha bendecido y ha sido bueno contigo docenas de veces en diferentes maneras. Así que no permitas que un incidente eclipse todo lo demás. Además, pensarás en la actitud de Jesús, amorosa y de perdón, incluso hacia sus enemigos. Tal vez vas con tu amigo y tratas de descubrir qué fue lo que inició el comportamiento lamentable. Tratas de aclarar las cosas. Y no devuelves una maldad con más maldad.

Cuando adoptas la mente de Cristo, te llenas de vida, en lugar de dejar que se te acabe la vida.

QPJ en acción

¿En verdad funciona el pensar como Jesús pensaba y el actuar como Él actuaba? ¿Aun en áreas difíciles, como la pureza sexual? Después de todo, muchas personas que hacen "promesas de pureza" terminan por ser activos sexualmente. Aquí tenemos una entrevista de la vida real con una joven adulta que resolvió permanecer pura hasta casarse, y cumplió ese compromiso. Lee lo que ella nos cuenta y tu se el juez.

De tus amigos que se volvieron activos sexualmente cuando eran jóvenes, ¿alguno está con su pareja de aquellos años?

No. Cambias tanto después de tus años de juventud. Es por eso que animo a los jóvenes con quienes hablo que permanezcan fuertes. Cuando eres joven, todavía estás descubriendo quién eres. No sabes cómo serás en algunos años y no sabes cómo será tu novio o novia en algún tiempo. Yo sé que para mí, mi idea del tipo de hombre con quien quería pasar el resto de mi vida cambió drásticamente una vez que dejé atrás mis años de juventud.

¿Cómo se sienten ahora al respecto tus amigos que no permanecieron puros sexualmente?

Muchos de mis amigos me han expresado su remordimiento. Se sienten culpables. Y también se sienten mal con respecto al pasado sexual de sus parejas. Uno de mis amigas se mantuvo fiel a su estándar, pero su esposo no lo hizo. Él no le contó acerca de su pasado hasta después, cuando ya estaban comprometidos. Se sintió tan mal que no podía ser la "primera" para su esposo. Ella tenía todo tipo de inseguridades en cuanto a enfermedades, que su esposo la comparara con sus parejas anteriores, ese tipo de cosas.

> **Como una persona joven y casada, ¿cómo te sientes ahora con respecto a tu compromiso a la pureza?**
>
> Vale la pena permanecer virgen hasta casarse. Vale muchísimo la pena. Sabía que Dios me recompensaría por haberle obedecido, pero la recompensa fue mucho más de lo que jamás imaginé. No estoy diciendo que las personas que cometen un error no pueden encontrar la gracia y el perdón y tener un matrimonio satisfactorio, pero es mucho mejor si se esperan. Estoy agradecida que mi esposo y yo no cargamos con equipaje sexual cuando comenzamos nuestra relación. Hizo que las cosas fueran mucho más íntimas. La Biblia habla acera de un hombre y una mujer siendo "uno sólo", una unidad que es emocional, física y espiritual. Piensa en eso, ¿cómo puedes ser "uno sólo" con muchas personas diferentes?

Ahora, ¿cómo hacemos para comenzar a pensar como Jesús? Intenta aplicar estas sugerencias...

1. **Piensa pensamientos positivos.** ¿Te imaginas a Jesús andando por ahí con una cabeza llena de pensamientos negativos? ¿Podría haber dicho tantos mensajes edificantes e inspiradores si su mente estaba llena de pesimismo?

   Jesús era y es optimismo puro, y si tú y yo queremos andar con Él, tenemos que caminar con un ritmo positivo. No estoy hablando acerca de meter a la fuerza optimismo falso a tu mente; estoy hablando de tener una perspectiva que no se olvida de las cosas buenas cuando los momentos malos llegan, una perspectiva que anticipa lo mejor en lugar de temer lo peor.

   Piensa en Jesús. Otros mintieron acerca de Él, fue abandonado, se burlaron de Él, fue traicionado y otras cosas peores. Sin embargo, en medio de todo lo negativo, Él se mantuvo positivo. Siempre encontraba palabras edificantes y de ánimo que decir. Siempre le daba esperanza a los que se acercaban a Él.

La mente de Cristo es una mente positiva. Así que, en cualquier momento que nos volvamos pesimistas, no estamos funcionando con la mente de Cristo. Hoy en día, millones de personas sufren de depresión y no creo que sea posible estar deprimido sin también ser pesimista. (Comprendo que la causa de la depresión a veces es médica/clínica, pero aun en estos casos, el pesimismo sólo hará que empeore la depresión y sus síntomas.)

Dios no quiere que seas negativo. El Salmo 3:3 dice que Dios es nuestra gloria y que Él "mantiene en alto nuestras cabezas". Él quiere que abordes la vida con la cabeza en alto.

Mientras tanto, el diablo quiere derrotarte. Y nada te derrotará mejor que una mente negativa. Los problemas de la vida pueden amenazar con desanimarte, pero el pesimismo no resolverá ningún problema. Sólo empeorará cada problema. Pero por otro lado, los pensamientos positivos traerán luz a los lugares oscuros de tu vida.

2. **Resiste el pesimismo y la desesperación que te roba la vida.** Nuestros espíritus son poderosos y libres, habilitados y animados por el Espíritu de Dios. Satanás busca poner una rienda sobre nuestro espíritu y aplastarlo a través de llenarnos con oscuridad y opresión. Entonces, es vital resistir los sentimientos de desesperación y depresión de *inmediato* cuando sientas que llegan. Entre más permitas que la desesperación te envuelva, más difícil se hace resistirla. Piensa en la desesperación como una garrapata. Te la quieres sacudir de encima antes de que entierre sus garras en tu piel.

3. **Recuerda los momentos buenos**. El salmista escribió en el Salmo 143:5: "Se hablará del esplendor de tu gloria y majestad, y yo meditaré en tus obras maravillosas" (NVI).

Cuando nos llegan los tiempos difíciles y nos golpean hacia atrás, es fácil olvidar todo el avance que hemos logrado. No permitas que esto te suceda. No olvides todas las batallas que has ganado con Dios a tu lado. Evalúa todo el territorio que has conquistado. No lo abandones al enfrentar un retraso. No sacarías a LeBron James de tu equipo de básquetbol por haber fallado un punto, olvidándote de todos los otros puntos que ha anotado antes.

Recuerda todo lo que Dios ha hecho por ti y por otros también. El Dios que te trajo hasta este punto en tu vida es completamente capaz de guiar tu presente y tu futuro. Y mientras lo sigues a Él, amontonarás aún más memorias buenas para sustentarte durante la siguiente temporada de retos de tu vida.

4. **Busca al Señor a través de la oración y la adoración.** Si sigues los informes que la Biblia cuenta acerca de la vida de Jesús, algo se vuelve muy claro. Jesús era fiel a la oración. Públicamente le oraba a Dios y le daba gracias y comúnmente se apartaba de los que estaban a su alrededor para pasar tiempo orando con su Padre celestial de manera solitaria. Es importante observar que Jesús no pasaba todo el tiempo predicando, enseñando, sanando y dando de comer a las personas. Si su tiempo para orar era importante para Jesús, entonces ese es un ejemplo poderoso para nosotros.

Solamente Dios puede darle agua a tu alma sedienta. No seas engañado a pensar que cualquier otra cosa puede satisfacerte por completo. Dios está ansioso de que le hables. Él quiere satisfacer tus necesidades y quiere que tú pases tiempo con Él.

Por supuesto, tu tiempo de oración no es solamente un tiempo para que tu hables con Dios. Es también un tiempo para escucharlo. Jesús buscó los consejos de su Padre, reflejando la actitud del salmista en Salmo 143:8: "Por la mañana hazme saber de tu gran amor, porque en ti he puesto mi confianza. Señálame el camino que debo seguir, porque a ti elevo mi alma" (NVI).

En tu tiempo de oración, permite que Dios te asegure su amor y su bondad; está al pendiente de su atención y su dirección.

Recuerda, una mente como la de Cristo es una mente de oración.

5. **Medita en Dios y sus obras**. No tienes que estar en una iglesia para pensar en Dios y maravillarte de sus maravillas. Yo disfruto ver los programas de televisión acerca de la naturaleza, los animales, la vida acuática, etc., porque representan el poder increíble de Dios y su creatividad ilimitada. Me recuerdan cómo Dios es el sustentador de toda la vida.

Uno de mis versículos favoritos es el Salmo 17:15, el cual dice del Señor: "Pero yo en justicia contemplaré tu rostro; me bastará con verte cuando despierte" (NVI).

Yo pasé muchos días tristes porque solía pensar en todas las cosas malas desde el momento en que amanecía cada mañana. Puedo decir en verdad que he estado completamente satisfecha desde que el Espíritu Santo me ha ayudado a comenzar cada día con la mente de Cristo. Una manera segura de comenzar a disfrutar de la vida es el compañerismo con Dios temprano por la mañana.

6. **Opera desde una base de amor**. Cuando estás siguiendo la sugerencia anterior, asegúrate de dedicar un poco del tiempo que usas para meditar en Dios, hacia tu amor puro. La Biblia incluso dice que "Dios es amor" (1 Juan 4:8), pero es difícil experimentar el amor de Dios sin meditar en ella.

Recuerdo cuando comencé mi ministerio. Antes de la primera reunión que iba a dirigir, le pregunté al Señor que era lo que Él quería que enseñara. Su respuesta fue: "Dile a mi pueblo que los amo".

Yo contesté: "Ellos ya saben eso. Quiero enseñarles algo muy poderoso, no una lección de escuela dominical salida de Juan 3:16".

Entonces el Señor me dijo: "Hay muy pocas personas de mi

pueblo que realmente saben cuánto los amo. Si lo supieran, actuarían diferente".

Así que, comencé a estudiar acerca del tema sobre recibir el amor de Dios. Y me di cuenta de que yo misma lo necesitaba desesperadamente. El Señor me guió a 1 Juan 4:16, que declara que debemos estar conscientes, activamente enterados, del amor de Dios.

Ahora, tengo un tipo de compresión vaga de que Dios me ama, pero el amor de Dios está destinado para ser una fuerza poderosa en nuestras vidas, así como lo era en la vida de Jesús. Así como Jesús lo demostró, el amor nos puede ayudar a atravesar incluso las pruebas más dolorosas y humillantes y ayudarnos a llegar al otro lado sobre nuestros pies, con la victoria.

Estudié por mucho tiempo sobre el tema del amor de Dios, y conforme lo hacía, me volví cada vez más consciente y enterada de su amor hacia mí. Pensé acerca de ese amor. Lo proclamé en voz alta. Me aprendí versículos sobre el amor de Dios y medité en ellos, recitándolos en voz alta. Hice esto una y otra vez por varios meses y la revelación increíble del amor de Dios se volvió más y más una realidad para mí.

Hoy, el amor de Dios me es tan real que aun en los momentos difíciles tengo consuelo en "saber conscientemente" que Él me ama y que ya nunca más tengo que vivir con temor. Te deseo el mismo conocimiento.

Permite que el amor sea tu campamento base en la batalla por tu mente. Permite que sea una fuerza que te conduce y te dé energía.

7. **Sé consciente de la honradez, no seas consciente del pecado.** Muchas personas se atormentan con pensamientos negativos acerca de ellos mismos. Piensan que Dios debe estar disgustado con ellos por todas sus debilidades y sus fallas.

¿Cuánto tiempo has malgastado viviendo en un estado de culpabilidad y de condenación? Observa que me referí a ese tiempo como "mal gastado", no simplemente tiempo "gastado".

Eso es porque el tiempo que pasas pensando negativamente se malgasta por completo. Él te puede hacer puro y limpio, no importando el estado terrible en que estás cuando te acercas a Dios. Él te perdonará todos tus pecados. Segunda de Corintios 5:21 dice que nos convertimos en la justicia de Dios mismo. Reflexiona en ese concepto por un momento.

Cristo te da la habilidad para ser convertido en justicia. Tú eres justo delante de Dios. Así como también todos los demás que se acercan a Él. Permite que este conocimiento guíe cómo piensas de ti mismo y de otros. Date ánimo. Anima a las personas a tu alrededor.

8. **Sé agradecido.** Jesús era un ejemplo vivo del Salmo 34:1, en el cual David proclama: "Bendeciré al Señor en todo tiempo, mis labios siempre lo alabarán". Le dio gracias a Dios en momentos trágicos, en momentos de triunfo, incluso a la hora de la comida.

Podemos emular la mentalidad y el estilo de vida de Jesús al ser personas agradecidas, personas llenas de gratitud no solamente hacia Dios pero también hacia los que nos rodean. Cuando alguien hace algo bonito por ti, haz que él o ella sepa que estás agradecido. Muestra agradecimiento hacia tu familia. Claro, tienen sus fallas, pero no des por sentado la manera en que han bendecido tu vida.

Yo he estado casada por mucho tiempo, y mi esposo sabe que lo aprecio. Pero aún le digo cuánto lo aprecio. Le doy las gracias por ser un hombre tan paciente. Le cuento de sus muchas otras cualidades muy buenas. Cuando les hacemos saber a otros cuánto los apreciamos, construimos y mantenemos relaciones fuertes con ellos.

Yo trato con muchas personas, y me sigue sorprendiendo cómo algunas personas están extremadamente agradecidas por cada bendición pequeña, mientras que otros nunca están satisfechos, no importando cuánto uno hace por ellos. Piensan que ellos merecen cada cosa buena que reciben, así que casi nunca expresan su agradecimiento.

Es importante expresar tu agradecimiento. Es bueno que las personas lo escuchen y libera un gozo en nosotros conforme lo compartimos.

Entonces, medita diariamente en todas las cosas que tienes para estar agradecido. Dile a Dios "¡Gracias!". Conforme lo hagas, encontrarás que tu corazón se llenará de vida y de luz.

Si crees en Dios, tienes la mente de Cristo. No se me ocurre noticias mucho mejores que esas para compartir contigo. Espero que las ideas en este capítulo de conclusión te ayuden a utilizar esa mente de Cristo, para preguntarte continuamente, "¿QPJ?". ¿En qué cosas pensaría Jesús? (Recuerda, si Él no pensaría en algo, tú tampoco deberías.) ¿Y cómo pensaría Él con respecto a las cosas que valen la pena meditar?

Al mantener una vigilia continúa sobre tus pensamientos, puedes asegurar que ningún pensamiento dañino del enemigo entrará a tu mente.

Satanás ha iniciado una guerra en contra de tu mente, pero tú tienes las armas para ganar, armas tales como el amor, como la oración. Y tu arsenal incluye la habilidad para pensar como Jesús lo hizo, para tener la mente de Cristo. Piensa en las implicaciones de esas dos últimas oraciones: ¿Tiene Satanás alguna posibilidad para ganar si no está batallando nada más con tu mente, sino con la de Cristo también? Lo van a destrozar.

Con esa verdad en mente, es mi oración sincera que este libro te ayude a acabar con cada mentira, imaginación o teoría que se pone en contra de Dios. Y pido que cada pensamiento tuyo sea guiado por nuestro Señor Jesucristo, quien te ama con un amor eterno.

NOTAS

CAPÍTULO 1

1. *Christian Retailing*, 22 de agosto, 2005, p.48.

2. "Does Watching Sex on Television Influence Teens' Sexual Activity?" (¿Ver sexo en la televisión influye en la actividad sexual de los jóvenes?), www.rand.org/publications /RB/RB9068/RB90687.pdf. Fecha de acceso: 22/11/05.

3. Richard, Sara E. "She Drank Herself to Death" (Ella bebió hasta morir), *Seventeen Magazine*, mayo 2005, pp. 112-13. www.samspadyfoundation.org/ newsletter/405.pdf. Fecha de acceso: 22/11/05.

4. Staff writer (escritor de personal), "Racism Today," (El racismo de hoy en día) *Seventeen Magazine*, mayo 2005, pp. 114-15.

5. "Parents and Teen Pregnancy: What Surveys Show" (Los padres y el embarazo juvenil: lo que muestran las encuestas), http://www.teenpregnancy.org/resources/ data/parentpoll2004.asp. Fecha de acceso: 22/11/05.

6. "Fact Sheet: Sobering Facts on Teens and Alcohol" (Documento de hechos: Hechos sobrios sobre los jóvenes y el alcoholismo), http://www.teenpregnancy. org/resources/reading/fact_sheets/alcohol.asp. Fecha de acceso: 22/11/05

7. Everson, Eva Marie y Jessica. *Sex, Lies, and the Media* (El sexo, las mentiras y los medios de comunicación) (Colorado Springs: Cook Communications, 2005).

8. "NAHIC 2004 Fact Sheet on Suicide" (Documento de hechos NAHIC 2004 sobre el suicidio), http://nahic.ucsf.edu/downloads/Suicide.pdf. Fecha de acceso: 22/11/05

9. "Research & Data: Stats and Facts" (Investigación y datos: estadísticas y hechos), www.purerevolution.com/purerevolution/adult/. Fecha de acceso 28/10/05.

10. Todd y Jedd Hafer, *Wake Up and Smell the Pizza* (Despierta y huele la pizza) (Minneapolis, MN: Bethany House Publishers, 2005).

11. Springen, Karen, "Beyond the Birds and the Bees" (Más allá de los pájaros y las abejas), Newsweek, 25 de abril, 2005, p. 61.

12. "Partnership for a Drug-Free America," como fue reportado en *Runner's World*, octubre 2005.

13. Eva Marie y Jessica Everson, *Sex, Lies, and the Media* (El sexo, las mentiras y los medios de comunicación) (Colorado Springs: Cook Communications, 2005). (También, el sitio de la Internet de Kaiser Family Foundation, kff.org, reporta que el 18 % de todos los estudiantes del sexo masculino del noveno al doceavo grado han tenido cuatro o más parejas sexuales.)

CAPÍTULO 6

1. www.samspadyfoundation.org/newsletter/405.pdf. Fecha de acceso: 22/11/05

2. "White Paper: Adolescent Sexuality" (Papel blanco: la sexualidad de los adolescentes), www.plannedparenthood.org/pp2/portal/files/portal/medicalinfo/teensexualhealth/white-adolescent-sexuality-01.xml. Fecha de acceso 22/11/05.

3. "Does Watching Sex on Television Influence Teens' Sexual Activity?" (¿Ver sexo en la televisión influye en la actividad sexual de los jóvenes?), www.rand.org/publications /RB/RB9068/RB90687.pdf. Fecha de acceso: 22/11/05.

4. "MMWR: Youth Risk Behavior Surveillance—United States, 2003: Sexual Intercourse Before Age 13 Years" (MMWR: Vigilancia sobre el comportamiento de riesgo de los jóvenes—Estados Unidos 2003: Las relaciones sexuales antes de los 13 años de edad), http://www.cdc.gov/mmwr/PDF/SS/SS5302.pdr, p.20, Fecha de acceso 22/11/05.

5. "Making the Case for Financial Literacy: Undergraduate and Graduate Students" (Formando la causa por la alfabetización financiera: los estudiantes universitarios no licenciados y estudiantes universitarios), www.jumpstartcoalition.com/upload/Personal%20Financial%20States%202005%20Letterhead.doc. Fecha de acceso: 22/11/05.

6. Staff writer, (escritor de personal), "Playing Risk" (Jugando con el riesgo), *Men's Health*, enero/febrero 2005, p. 36.

7. Ibid.

8. Ibid.

9. "Marijuana & Mental Health: An Open Letter to Parents" (La mariguana y la salud mental: una carta abierta para los padres), www.theantidrug.com/drug_info/mjmh_open_letter.asp. Fecha de acceso: 28/10/05.

10. Broadman-Grimm, M.D., Karen. "Sex Q & A" (Preguntas y respuestas acerca del sexo), *Seventeen*, mayo 2005, p.83.

11. Ibid.

12. Grumman, Rachel. "Sex Ed." (Educación sexual), *Seventeen*, octubre 2005, p. 102

13. "Teenage drinking key findings" (Conclusiones claves relacionados con el alcoholismo de los jóvenes), www.ama-assn.org/ama1/pub/upload/mm/388/keyfindings.pdf. Fecha de acceso: 22/11/05

CAPÍTULO 8

1. "Generation Perfect" (Generación perfecta), *Seventeen*, octubre 2005, pp. 149-50.

TERCERA PARTE: INTRODUCCIÓN

1. "The Chart: Top Ten List" (La tabla: La lista de los primeros diez), *Rolling Stone*, 7 de abril, 2005, p. 32.
2. Ibíd

CAPÍTULO 11

1. W.E. Vine, *An Expository Dictionary of New Testament Words* (Un diccionario de explicaciones sobre palabras del Nuevo Testamento) (Old Tappan, NJ: Fleming H. Revell, 1940).

BIBLIOGRAFIA

Everson, Eva Marie y Jessica. *Sex, Lies, and the Media*. Colorado Springs: Cook Communications, 2005.

Hafer, Todd y Jedd. *Wake Up and Smell the Pizza*. Minneapolis, MN: Bethany House Publisher, 2005.

Random House Unabridged Dictionary, 2nd ed. New York: Random House, 1993.

Strong, James. *The New Strong's Exhaustive Concordance of the Bible*. Nashville: Thomas Nelson Publishers, 1984.

Vine, W.E. *An Expository Dictionary of New Testament Words*. Old Tappan: Fleming H. Revell Company, 1940.

Webster's II Riverside University Dictionary. Boston: Houghton Mifflin Company, 1984

Joyce Meyer ha venido enseñando la Palabra de Dios desde 1976 y en ministerio a tiempo completo desde 1980. Es autora de más de 54 libros, entre ellos *Controlando sus emociones, El desarrollo de un líder, La batalla es del Señor, Conozca a Dios íntimamente, No se afane por nada* y *Adicción a la aprobación.* Ha grabado más de 220 álbumes de audio casetes y más de 90 videos. El programa radial y televisivo de *"Disfrutando la vida diaria"* se transmite a través del mundo. Ella viaja extensa-mente para compartir el mensaje de Dios en sus conferencias. Joyce y su esposo, Dave, han estado casados por más de 33 años, tienen cuatro hijos y viven en Missouri. Los cuatro están casados y tanto ellos como sus cónyuges trabajan junto a Dave y Joyce en el ministerio.

Para localizar a la autora en los Estados Unidos:
Joyce Meyer Ministries
P.O. Box 655
Fenton, Missouri 63026
Tel: (636) 349-0303
www.joycemeyer.org

*Favor de incluir su testimonio o la ayuda recibida
a través de este libro cuando nos escriba. Sus peticiones
de oración son bienvenidas.*

En Canadá:
Joyce Meyer Ministries-Canada
P.O. Box 7700
Vancouver, BC V6B 4E2 Canada
Tel: 1 (800) 868-1002

En Australia:
Joyce Meyer Ministries-Australia
Locked Bag 77
Mansfield Delivery Centre
Queensland 4122
Tel: (07) 3349 1200

En Inglaterra:
Joyce Meyer Ministries
P.O. Box 1549
Windsor SL4 1GT
Tel: 0 1753-831102

En Sudáfrica:
Joyce Meyer Ministries
P.O. Box 5
Cape Town 8000 South Africa
Tel: (27) 21-701-1056

Los mensajes de Joyce se pueden ver en una
variedad de idiomas en tv.joycemeyer.org.